COVERED BRIDGE
カ　　バ　　ー　　ド　　　　　ブ　　リ　　ッ　　ジ

過去から未来へとつづく橋

グローバル社会を生き残るために
心得ていなくてはいけないキリスト教の哲学、愛とは

学芸みらい社

COVERED BRIDGE
過去から未来へとつづく橋

グローバル社会を生き残るために
心得ていなくてはいけないキリスト教の哲学、愛とは

三浦徹大
（みうらてつひろ）

学芸を未来に伝える
学芸みらい社
GAKUGEI MIRAISHA

カバードブリッジ　covered bridge

小川にかかる頑丈な覆いで守られた橋、カバードブリッジ　covered bridge。
「木の時代」から「鉄の時代」へ、歴史の流れの中でも変わることはなにもない。
夏は暑苦しいだけなのか。春や秋も無用な存在なのか。
カバードブリッジでできた水辺の木陰。うつくしい若者が集いささやく。
凍てつく冬に人馬が川に落ちないようにそっと佇み続ける。
愛のために愛を貫きつづける。

はじめに

「愛に成長する」

「成長」といっても、色々な成長がある。しかし、人にとって最も大切な成長、究極の成長とは、愛の成長であり、愛に成長することである。

　この「愛の成長」というポイントを外れると、「成長のために……」といっても、私たちはともすると、「あれもしなければ」、「これもしなければ」、「どうやればうまくいくか」と、自分に多くを課して、自分を縛るようになり、「律法主義的」な生活（人生）になりやすい。

　人と比べることで自分を示そうとする生き方は試練に立ち向かい得ない人生です。子どもは学力向上こそが成長の証しと扇動され、大人は「成長なくして成功なし」と会社から鼓舞（プロパガンダ）され、事業拡大（売上高や利益の増加）こそが成長のすべてであるかのような洗脳を受けていないだろうか。

　神から与えられる能力のことで、自分と他人を比べるのを止め、また他人同士を比較するのも止めなければ、真の心の成長はありえない。そうでないと、必ずと言ってよいほど、私たちは、傲慢か、安易な自己満足、あるいは、その逆に、卑屈か、妬み、闘争心、また、分裂や、分派の罠に落ち込むだけである。個人としても、社会人としても、外側は立派な社会人、ボランティアでも熱心な奉仕者、しかし、中身は、妬みと傲慢が入り混じった、霊的な幼子から成長できない、極めて貧弱で低迷してしまう姿を見ることはないか。

　このように、愛から外れた「成長」というものは、しばしば、「成長」という名を借りた、「自己高揚」であり、自分が立派になったことに満足する自己中心主義、利己主義、と変わらない。

　その意味で、人のまことの成長は、「愛の成長」である。

目次

はじめに 3

第1章 「愛は単純明快」 5

第2章 「愛の抽象的具体性」 7

第3章 「愛の特色」 12
　Ⅰ．寛容であり、忍耐深い。
　Ⅱ．親切である。
　Ⅲ．人を妬みません。
　Ⅳ．自慢せず、高慢にならない。即ち、愛は謙虚である。
　Ⅴ．礼儀に反することをしません。
　Ⅵ．自分の利益を求めません。
　Ⅶ．怒らない。
　Ⅷ．人のした悪を思わず。
　Ⅸ．不正を喜ばずに、真理を喜びます。
　Ⅹ．すべてを信じ、すべてを期待する。

第4章 「愛の中で成長する」 83

第5章 「愛の背景」 92

第6章 「愛の至高性」 101

第7章 「愛の永遠性」 110

第8章 「教育と愛」 115

第9章 「結婚と愛」 144

第10章 「愛と自由」 155

第11章 「ニーチェの運命愛とキリスト教批判」 163
　Ⅰ．憎しみを否定しない
　Ⅱ．本能こそ人間の最大の理性
　Ⅲ．贅沢を敵にしない
　Ⅳ．固定観念からの脱却
　Ⅴ．悲劇こそが人生に生を与える
　Ⅵ．人生に必要な洞察と困難
　Ⅶ．人生を愛する気高さを持つ
　Ⅷ．ニーチェのキリスト教非難の意図しているところ

最後に 193

第1章

「愛は単純明快」

　平成20年のNHK大河ドラマで、愛の一文字を兜に掲げ戦乱の世を生き抜いた直江兼続。
　兼続はその波乱の生涯を通じて愛を貫きました。幼いころから涙もろく、情に厚い、嘘のないまっすぐな性格と、たぐいまれな知性の持ち主であったことから、周囲の信頼を得、若くして上杉家の家老となった兼続は、「この言葉なくして、今のわしはなかった。人が人を思う心……愛」と言いきりました。
　「愛とは」「本当の愛とは……」何なのでしょうか？
　仏教では、愛とは「愛欲」をあらわします。それは、執着心の最たるものであり、悟りをさまたげる煩悩の根本原因として、否定的な意味にとらえられてきました。そのために、悟りを開こうとする者は、愛を遠ざけます。
　それでは、兼続の考えた愛とは、いったいどこから来ているのでしょうか。それはおそらく儒教の思想に基づく、人と人の信義を重んじ、相手に深い思いやりの心で接する、まさに武士道精神そのものだったと思われます。
　人々は、愛の奇跡を求め、必要としている。他の何ものでもない。しかし、キリスト誕生以降2000年の歴史を超え、愛は単純明快でそのspiritの理解は容易です。あくまでも身近で自然体で実行できるものとして、その普遍性を保ち続けているのです。

日本のキリスト教徒以外にもよく知られている聖書の言葉は、結婚式で最も用いられるコリントの信徒への手紙一、13章です。ここに人の最も大事なspirit、愛が凝縮されているのです。

　Love is patient (longsuffering), love is kind. It does not envy. It does not boast, it is not proud. It is not rude, it is not self-seeking, it is not easily angered, it keeps no record of wrongs. Love does not delight in evil but rejoices with the truth. It always protects, always trusts, always hopes, always perseveres.

　人間は愛について議論すること、おしゃべりすることが好きです。議論することで、自分が愛についての専門家か愛を知る第一人者になったような錯覚を感じます。

　また愛について語ることで、自分が具体的に人を愛さないことを正当化しようとさえします。キリストの元にやってきた聖書の専門家も、愛にましますイエス様に議論を挑み、揚げ足を取ろうとしました。それに対して、キリストは「本当にあなたが神を愛するなら、隣人とは誰かを議論するより、愛を実行し、人の隣人となるべし」と教えられたのです。

第2章 「愛の抽象的具体性」

　コリントの信徒への手紙一、13章で、愛は、どんな魅力的な「コミュニケーション」の能力や、憧れている「知識」や尊敬される「犠牲的行為」にも勝って大切であると強く前置きした上で、「愛は寛容であり、親切、人を妬みません。自慢せず、高慢になりません（謙虚）。礼儀に反することをせず、自分の利益を求めず、怒らず、人のした悪を思わず、不正を喜ばずに真理を喜びます。すべてを我慢し、すべてを信じ、すべてを期待し、すべてを耐え忍びます」と、2000年前にパウロは述べました。

　昔、朝日新聞の「天声人語」に、「キリスト教は積極的な面を強調する宗教であり、仏教は、どちらかと言うと、消極面を強調する宗教である」と書かれていました。そして、その例として、キリスト教では、「何事でも、自分のして欲しいことは、その通りに、他人にもしてあげなさい」という積極的な愛を強調するが、仏教は、「何事でも自分がして欲しくないことは、他人にもしないようにしなさい」という消極面を強調するというものです。恐らく、これはキリスト教徒でない方によって書かれたキリスト教評と思います。

　確かに、キリスト教の愛は、一般的に、「積極的に与える愛」として、ポジティヴな面で考えられ易いと思います。即ち、華やかにデコレートされた大きなクリスマスギフトを送る、高価なプレゼントをする、自分の財産を貧しい人々に与えるとか、自分の命を人のために犠牲にすると

か、というようなイメージで捉えられています。

しかし、面白いことに、この13章によるなら、その前置きで挙げたような、「全財産を貧しい人のために使い尽くす」、「わが身を死に引き渡す」、といった「美しい犠牲」も、キリスト教の典型的で積極的な愛の表現とも言えるこれらの行為が、実は、いずれも、「必ずしも愛とは同じでない」、言い換えるなら、「それをしたからと言って、必ずしも、その人に愛があるとは言えない」とハッキリと否定されているのです。

そして、更に意外なことに、聖書が私たちに示している「愛の特色」の記述内容は、むしろ、どちらかと言うと「消極的」な愛の描写です。「愛は忍耐強い。愛は情け深い。妬まない。愛は自慢せず、高ぶらない。礼を失せず、自分の利益を求めず、いらだたず、恨みを抱かない。不義を喜ばず、真実を喜ぶ。すべてを忍び、すべてを信じ、すべてを望み、すべてに耐える」即ち、ここでパウロは、愛の特色を「愛は寛容であり、情け深い、妬むことをしない。自慢せず、……」と記していますが、それらは、キリスト教特有と思われる積極的な愛の姿というより、どちらかと言うと、消極的な愛の姿が強調されているのです。

「消極的」な愛の姿とは、愛のゆえに他人に何かをする「能動的」な姿というより、逆に、他人から何かをされたときに表される「反応的（受動的）」な愛の姿です。

なぜ、パウロは、ここで、「愛は……」と言って、愛の「積極面」ではなく、「消極面」を強調したのでしょうか？　一体、積極的な姿と消極的な姿とどちらにより純粋な愛の姿が見られるのでしょうか？

ともすると、私たちは、積極的に何かを誰かにすることに愛を感じます。しかし、そこには、いくらでも愛のカモフラージュが侵入している可能性があります。いわゆる、見せかけの愛です。

最も低い次元での例は、旅先で夫が妻に対して不誠実な行為をしていながら、旅の帰りに、妻に実に高価なプレゼントを買って来ることはありえます。

私たちは、ある人に、積極的に親切な愛の言葉をかけたり、犠牲的な

行為を実行することがあります。しかし、それらは、その人の窮状への同情心という愛に似た感情からでもあるかもしれませんが、しばしば、自己満足や、虚栄心の充足、英雄心もその中に混ざっていることがあります。

日本語の愛という文字。これを昔の人は「かなし」とか「めぐし」と読んだのだそうです。「めぐし」とは見苦しいということ。現在では見苦しいと言ったら悪い意味で用いられるのが普通です。もともとは、「かわいそうで見ていられない。あまりにも相手の状態が気の毒で、見ていて心が苦しくなる。とても悲しく放ってはおけない」と同情心のように捉えられていました。

老婆が重そうな荷物を棚に上げられずにいます。自分が代わりに荷物を棚に上げます。小さな人助けです。このとき、わたしたちは老婆がかわいそうだから手伝ってあげるのでしょうか。非力に見えるから力を貸すのでしょうか。相手がかわいそうだから助けるという理由がそこにあるのなら、それは相手を侮辱しているのと同じです。

誰かが苦しんでいること、困っていることは、それ自体が悪いことなのでしょうか。人の苦しみや困難を見たらすぐに同情を示すことがいつも善なのでしょうか。

苦しみや困難はその人のものです。その人の人生の過程、その人の在り方に属しているものです。他の人からはどうていうかがいしれないものを抱えたうえでの苦しみと困難なのです。そういう苦しみと困難をどうにかして乗り越えて、その人はいっそう高い人になるのです。

だから、苦しみと困難はその人が生きていくうえで、より成長した人間になるための必要な要素となっているはずです。それなのに、同情から手伝いを申し出ることは、「あんたの苦しさはだいたいこんなものでしょう」と安易に決めつけるのと同じことなのです。

つまり、人が抱えているものをまったく平板化したり軽視したりする態度が底にあるわけです。その態度はやはり相手を蔑視することになります。助ける行為をしながら、さげすんでいることになります。

第2章 「愛の抽象的具体性」

女優のやなせななさんは子宮がんのため手術で子宮と卵巣を切除しました。そこには計り知れない苦悩がありました。次々に受け入れ難い想像を絶する問題が波のように押し寄せてきました。「手術しないと死んでしまう」「子宮や卵巣をとると女ではなくなる」「将来子どもをもてない」
「甥や姪が遊ぼう！と手をつないでくれる。うれしい反面、わたしにはこの夢がかなわない」
　過酷な現実を受け入れてゆくしかありませんでした。
「自分には自分でしかできないことを貫く。苦しみや生きる辛さと向き合って生きるしかない」と、悟りにも似た境地を語っています。そこには、陳腐な同情など挟む余地があるでしょうか。
　また、本当にその行為が純粋に愛からのものであるかどうかは、むしろ、それが拒まれたときや、十分に感謝されなかったようなときに、それにどう反応するかで明らかになります。
　人の本当の姿は、準備があって、構えて何かをしたときより、むしろ、思わぬ時に、何かをされたり、言われたりしたときの反応にその実質が現れると言って過言ではないでしょう。「この恩知らずめが！」と怒ったり、「ああしてあげたのに、こうしてくれない」と悲しんだりするや否や、これまでの貢献や犠牲と思われる行為は、愛や奉仕ではなかったことが明確になります。
　その意味で、パウロは、「本当の愛とは……」と言って、むしろ消極的、受動的、反応的、reactiveな愛の特色を列挙しました。
　即ち、「愛は寛容であり、親切、人を妬みません。自慢せず、高慢になりません。礼儀に反することをせず、自分の利益を求めず、怒らず、人のした悪を思わず、不正を喜ばずに真理を喜びます。すべてを我慢し、すべてを信じ、すべてを期待し、すべてを耐え忍びます」と。
　これらの愛の特色には、「ポジティヴで英雄的」な愛の描写は一つもありません。それは、毎日毎日の生活の中で、私たちが具体的に直面している課題であり、また経験できることであります。

愛は抽象論ではありません。私たち全員が、毎日の生活の中で具体的に、実際に身近に必要としているものであり、また経験できるものなのです。

第3章

「愛の特色」

I. 寛容であり、忍耐深い。

　この箇所の英訳は、patientあるいは、longsufferingです。即ち、忍耐であり、長くじっと耐える心です。これが愛の第一の特色であります。

　原語として用いられている「マクロスメイン」という言葉について、バークレー[注1]は、その註解書の中で、このように書いています。この言葉は「常に、人々に対する忍耐を表し、周囲の状況に対する忍耐を意味していない」と。

　クリソストム[注2]によれば、それは、他者から不当な扱いを受け、これに対して復讐しようと思えば簡単にできるのですが、あえてそれをしない、そういう人間について用いられることばです。「……それは、また、人間との関係における神ご自身についても用いられる。人々に対処する場合、彼らがどんなに強情な、冷たい、腹の立つ人間であっても、私たちは、神が私たちを忍耐したのと同じように、彼らに忍耐しなければならない。言うまでもなく、このような忍耐は弱さのしるしではなく、強さのしるしである。敗北主義ではなく、むしろ勝利への唯一の道である」と。

　即ち、パウロは、愛の特色の第一として、人を赦し受け入れる寛容、即ち、忍耐を挙げました。人が、裏切られたとき、不当に扱われたとき、

自分がしたことが十分に報いられなかったとき、人から批判され、酷評されたとき——こんなことは、私たちの人生において日常茶飯事ですが——愛は、それらに対して、弁解したり、反撃したりすることなく、それを寛容と忍耐をもって受け入れるのです。

　上述のバークレーは、このことに関して、リンカーン大統領の例を挙げています。オバマ大統領は、大統領選で激しく争った党内のライバル、ヒラリー・クリントンとジョー・バイデンをそれぞれ国務長官と副大統領に迎え入れました。TVコマーシャルであれほど互いに罵りあっていたにもかかわらずに。これは、政敵を取り込み、国家的目的に使いこなすリンカーンの政治手法と同じです。

　リンカーンは、ウイリアム・スワード、サーモン・チェース、そしてエドワード・ベーツとともに、1860年に共和党大統領候補の指名を獲得しようとしていました。本命はスワードでしたが、勝利したのはリンカーンでした。

　第16代大統領に当選後、リンカーンは政治的ライバルで奴隷制についての見方など、時代の重要問題について、大きく異なる考えをもっていた彼らをそれぞれ国務、財務、そして司法長官に抜擢しました。この後、スワードと相互に強い信頼関係を築き、敬愛の情を抱くに至ります。

　それに対して、大統領になる野心を捨てきれなかったチェースはリンカーンを引きずり降ろす活動を継続し、ついに辞任を余儀なくされます。

　しかし、リンカーンは、「あれほど根深く不当に謀略を仕掛けてきた」彼を、最後は最高裁判所長官に任命します。「国のことを考え」ての決断でした。

　リンカーンは、その政治的天性を生かし、国内で最高の逸材を彼のまわりに連れて来る能力だけでなく、彼らに、自らの目標や決意のほどを、それぞれ重大な分岐点において強く印象づけることに成功したのでした。

　さらに、エドウィン・スタントンほどにリンカーンを侮辱した人間はほかにいませんでした。スタントンはリンカーンを「低級・狡猾な道化者」と呼びました。また、「ゴリラの変種」というあだ名を呈し、「……

ゴリラなら何もアフリカくんだりまで行かなくても、イリノイのスプリングフィールドに行けば簡単に見つかる」とまで言いました。

しかし、これに対しリンカーンは何も言わず、スタントンを陸軍大臣に任命しました。その仕事にスタントンが最適の人物だったからです。彼は、スタントンを遇するにあらゆる礼節をもってしました。年月がたちリンカーン大統領が暗殺されたとき、彼の遺体を前にして、スタントンは、涙にむせびつつ、「ここに、世界史上最大の統治者が横たわっている」と言いました。

愛による忍耐と寛容が遂に勝利を占めたのです。

仕事とは人にまみれてするもの。人格者、わがまま、強い人、弱い人、できる人、できない人、好きな人、嫌いな人、基本的に一緒に仕事をする人を選ぶことはできません。その中で仕事をしていくため、必ずしも自分が思うように事が進むわけではありません。批判など、周りの声に疲れてしまい、負の感情が出てくる、それは人間の弱い部分です。

しかし、これは自分を磨けばすべての人を愛する境地に立つことができるのです。これを達成する方法は、「批判があるからこそ成功できる。批判という風を入れよ（キノコは風が入ることで悪い菌の繁殖を防げる）」と考えることです。批判に対し感情的になり、感情に自分が支配されてはこの境地にはなれません。自分で自分を客観的に見る強さを身に付けることが大事です。

一方、社長となって会社に自分の好きな人を集めたら、どうでしょう？　はたして、理想の環境といえるのでしょうか？　周囲はごますりとイエスマンばっかり、そのような会社は批判を受け入れられずに最終的に倒産すること必定でしょう。

「人は不合理で、わからず屋で、わがままな存在だ。それでもなお、人を愛しなさい」

挨拶して反応されなくても、自分がずっと繰り返せばよい。自分の努力を理解されず傷ついてもです。この「それでもなお」を積み重ねることにより成長できるのです。人を愛する境地とはこういうことかもしれ

ません。

　自分の感情に支配されず、支配していければ、無駄に怒ることもないし、上から目線になる必要がないのです。

　私たちを、様々な意味で、不当に扱い、また酷評・批判する人々に対して、弁解することなく、また、売り言葉に買い言葉のように反撃したりすることなく、むしろ、愛をもって、寛容で忍耐の限りを尽くして対処することができるようになりたいものです。

　「子どもたちよ。私たちは、言葉や口先だけで愛することをせず、行いと真実をもって愛そうではありませんか」（Iヨハネ　3：18）

　多くの人たちが、愛とは、「気持ち、感情の事柄」と思っていますが、それは大きな誤りです。愛は単に何か抽象的な気持ちや感情ではなく、そこから出てくる「具体的な言葉や態度や行い」である。なぜならば、神は「愛しなさい」と命じているからです。つまり、「愛を言葉、行動で相手に渡す、示す」ことを命じているからです。

　寛容とは忍耐です。自己中心の愛は忍耐を持たず、忍耐を必要としない。一方、自己犠牲的な愛は常に忍耐を伴います。親切とは、ただ優しいことではありません。他人に親切にすることは、時として他人の成長を妨げたり、他人の尊厳を損ねる罪になることがあります。しかし、親切の真の意味は「他人の益となることを求めて、行動（実践）することです」。

II. 親切である。

　ある人は言いました。「人が天の父のためにできる最も貴重なことは、天の父の他の子どもらに親切にすることである」と。

　ここで用いられている原語のchresteuetaiは、親切、優しい、役に立つ、等を意味するchrestosから来ています。即ち、親切とは、互いに優しく、お互いを思いやり、互いに役に立とうとする心です。これは愛の大切な要素です。

しかし、ここで重要なことは、「誰に」対して親切であるかです。
　多くの親切は、「仲間うち」でなされます。しかも、そのうちの多くは、気心の知れあった仲間、気が合う仲間たちの間での親切です。
　しかし、キリストはハッキリと言われました。それが親切なら、愛がなくてもできる。愛の特色としての親切とは、むしろ、気心の知れない、気が必ずしも合わない、性格が違い、おまけに、どちらかと言うと嫌いなタイプ、更に進んで、敵と呼ばれる人に対する親切なのです。
　キリストの言葉（マタイ5：43-48）とは、
（1）「兄弟」と互いに呼び合う自分の仲間だけに親切にするとか、あるいは、自分によくしてくれる人を愛し、その人々に親切をしたとしても、それは、必ずしも、聖書の言う愛の行為とは言えない。
（2）その程度の「親切」なら、当時のユダヤ人の社会で罪人の代表とされていた「徴税人」でさえしていることである。即ち、自己中心からでもできる。
（3）そんなことで、「自分は親切な人間だ」などと満足していてはならない。
（4）神さまが求めておられる「親切」は、それ以上の親切であり、自己中心からでなく、愛の本質から出てくる親切である。
（5）それは、自分の仲間以外の人々、気の合わない人々、嫌いな人々、敵だと思われる人々に対して表される「親切」である。
　キリストは、それこそが完全な愛であり、私たちもまた、それを目標にしていくように奨めます。
　現実に一般の社会にいると、いわゆる依怙贔屓（えこひいき）が横行していないでしょうか。「次の部長はお前だからな」と空手形をチラつかされさんざん働かされた挙句、少しでも楯突こうものなら意に沿わないと、理解に苦しむ理由をつけられて左遷される。左遷ならましで、米国流では解雇される、中東や北朝鮮では命さえ奪われるかもしれません。
　日本では命まではとられないまでも、自分の意に沿うもののみ登用する。あえて能力が劣るものを登用し、抜擢と称し忠誠を誓わせる。忠義

を尽くせと、派や閥といった組織の名を借りた利益互助団体を形成し、他のグループとの利害のみならず感情的対立関係を煽ることによって内部の結束を強めようとする。

　米国であればユダヤ人や中国人などの民族で結束することがあり、中東では宗教の宗派で結託することがあります。そのような集団では内部抗争で一時的な権力争いは絶えないが、他から自分らの利権を脅かされた時は最終的には自分たちの既得権を守ろうとする。

　一方、民族的な違いのない日本では、まとまる拠り所がないので民主主義を逆手に取った数合わせ集団が形成されます。個々人の利益の総和として、主流派や学閥など陳腐な利益相互扶助集団として結託する。そして、互いに集団内の利益保護と分配に奔走する。その結果、多数決は各々自己の損得勘定をもとになされるので民主主義は崩壊してしまう。

　企業はまさに利益追求こそがその使命であるので、その中の人事なども個人の利益や保身で動くのはビジネスの常識であり、愛がないのは当然かもしれません。しかし、このような現実に直面し、どんなに虐げられようとも、安らかな心を保ち、憎しみを排除し、親切を目標にとキリストは奨めるのです。

　仏教においても次の慈悲の瞑想を唱える人には必ず幸せが訪れると説いています。

　～私は幸せでありますように～
　～私の悩み苦しみがなくなりますように～
　～私の願いごとが叶えられますように～
　～私に悟りの光が現れますように～
　～私は幸せでありますように～

　～私の親しい人々が幸せでありますように～
　～私の親しい人々の悩み苦しみがなくなりますように～

　～私の親しい人々の願いごとが叶えられますように～

〜私の親しい人々にも悟りの光が現れますように〜
〜私の親しい人々が幸せでありますように〜

〜生きとし生けるものが幸せでありますように〜
〜生きとし生けるものの悩み苦しみがなくなりますように〜
〜生きとし生けるものの願いごとが叶えられますように〜

〜生きとし生けるものにも悟りの光が現れますように〜
〜生きとし生けるものが幸せでありますように〜
〜私の嫌いな人々も幸せでありますように〜
〜私の嫌いな人々の悩み苦しみがなくなりますように〜
〜私の嫌いな人々の願いごとが叶えられますように〜
〜私の嫌いな人々にも悟りの光が現れますように〜

〜私を嫌っている人々も幸せでありますように〜
〜私を嫌っている人々の悩み苦しみがなくなりますように〜
〜私を嫌っている人々の願いごとが叶えられますように〜
〜私を嫌っている人々にも悟りの光が現れますように〜

　仏教も自分や親しい人のみの幸せを願うのではありません。確かに、自分が嫌いな人、自分を嫌っている人の幸せを願うのはバカバカしいかもしれません。しかし、合理的に考えれば、ごく普通の私たちを妬んだりいじめたりするのは、その人が不幸な状況に置かれているからなのです。もし、嫌いな方自身が不幸で他人に迷惑をかけているとしたら、その人が幸福になると自分を嫌ったりいじめたりしないでしょう。そういう点で、自分が嫌いな人や自分を嫌っている人が幸せになると、他人に迷惑をかけなくなります。その点でも、自分を嫌っている人の幸せを祈るのは理にかなっているのかもしれません。

　「人間はたくましくなくては生きていけない。人間は優しくなければ生きる資格がない」と言ったのは、レイモンド・チャンドラー[注3]です。

ノートルダム清心学園理事長の渡辺和子シスターは、「真の優しさ」というタイトルで次のように講演されています。
　弱肉強食と同様の意味で、勝ち組と負け組という言葉が、いま日本で使われています。確かに生きる力は必要だが、それ以上に「善く生きる」力、人間として人間らしく生きる、思いやりや優しさが必要です。
「生きる資格としての優しさとは、どういうものか」
「決して弱さや軟弱さではなく、自分自身と闘っていられる強さである。それに裏付けられているものです」
　あるとき一人の学生が話しに来て、いろいろ話した挙句、「私の彼はとても優しいのです」と言いました。ごちそうさまと思いながら、「どんなに優しいの」と聞くと、「携帯をかけるとどこでも来てくれる。欲しいものは何でも買ってくれる」と申したので、「それではテストをしてみてください。あなた方二人が、手をつなぎ降りたホームで、そこにはエスカレーターもエレベーターもない。二人の前を体が不自由な方が荷物を持って歩いていた時に、あなたの優しい彼がどうするかを見ていてください」
「あなたとの手を振りほどいて、その方の荷物を持って上の階までお連れする方なのか、あなたとの手をこんりんざい離すまいと、見向きもせず二人だけで歩こうとするのか。もし前者ならば、本当に優しい人です。でも、後者ならば、そろそろ付き合いはやめてもいいかもしれない」と言いましたら、「今度試してみます」と言って帰っていきました。
　これは、20世紀の社会心理学者エーリッヒ・フロムが『愛するということ』という著書の中で、書いていることです。「元々、愛とか優しさというのは、特定の人にのみ向けられるのではなく、もし人が一人の人だけに優しく、他の人々に冷淡であるとすれば、本当の優しさではなく、エゴイズムだ」と書いています。
　本当の優しさというのは、ある特定の人に対しての優しさではなく、全世界的な関わりにおいて優しくなければいけない。
　マザー・テレサが、「愛の反対語は、憎しみではありません。無関心

です」と仰っていました。憎しみは愛の反対語であり、憎い人は可愛さあまって憎さ百倍というように、気になるものです。ところが、無関心というのは、愛のかけらすらない。その人の存在すら認めようとしない。関わりは一切持とうとしない。そういう人の姿で、この無関心が今日本に蔓延している時に、私たちは全世界的な関わりとしての優しさを育てていかなければいけないのです。

「優しい」という字は「人」偏に「憂」と書きます。それは、「憂」の傍らに佇んでいる「人」の姿をそのまま映した字です。

　私自身が、憂い＝心配事を持っていた時、その憂いとともに生きました。すこし優しくなったと思います。

　他人様の場合も、羽振りの良いとき側についているのに、落ちぶれた時に離れ去っていく人は、その方の憂いに佇む優しい人ではありません。

　遠藤周作の『聖書のなかの女性たち』という著書に、白血病のために11歳で死ななければいけなかったマチルダという少女の詩が載せられています。

「私の咽が痛いとき、あの子の咽も痛み、私が夜咳をするときあの子も目を覚まして咳をしている。私がママに叱られて泣くとき、あの子も私と一緒に泣いている」

「夕日に映る私の影法師のように、あの子はいつも私と一緒だ」

　マチルダにとって、この何度もでてくるあの子とはイエス・キリストでした。苦しむ人とともに苦しみ、泣く人とともに泣く。咽の痛みを奇跡的に治すでも、咳を止めるでもない。ママが叱るのをやめさせることもない。いつも私たちとともにいてくださる。インマヌエルとしてのイエス様のお姿が、この11歳のマチルダの詩によく表れています。

　イエス様がご自身の言葉で、「医者を必要とするのは、丈夫なひとではなく病人です。わたしが来たのは、正しい人を招くのではなく、罪人を招くためである」と言っています。私たちが、罪人または心や体を病んでいるにもかかわらず、愛してくれるのではなくて、私たちが罪人、心や体を病んでいるゆえに、愛してくれる、イエス様の御ことばです。

よく「自分は、罪深い罪人だから洗礼を受ける資格がない」という方がいますが、「罪人だからこそ、イエス様のみ許(もと)に近づく権利があるのです。私もそうでした」と説明しています。

『足跡-footprint』という詩があります。ある夜、一人の人が夢を見ました。自分の生涯が映し出されており、そこにはいつも二組の足跡が残されていました。一組は自分の足跡、もう一組はイエス様の足跡でした。ところが、ところどころ足跡が一組しかない場所があります。そして、その時実は自分が一番苦しみつらい思いをしている時期だったのです。それを考えて、その人はイエス様に語りかけます。「主よ、私があなたに従うと決心した時、あなたは私におっしゃいました」

「私は決してあなたのそばを離れない。いつもあなたと一緒にいる」

「なのに、なぜ、私があなたをいちばん必要としている、その時に限って、私からお離れになったのですか？」

　すると主がお答えになりました。

「愛する私の大切な子よ。一組しか足跡がなかったとき、私はあなたを私の背に負っていたのです。私は決して見捨てることはなかった」

　この詩に表れているように、実は私たちが悩んでいるとき、悲しんでいるとき、一人ぼっちではないかと思うときに、主が一番近いところにいてくださる。私たちを背負っている。

　真の優しさは、一人の人に対しての優しさではなく、全世界の関わりとしての優しさであり、そしてもう一つの特徴は、見捨てられた人を決して見捨てない、ともにいる優しさである。

『私が来たのは正しい人を招くためではなく、罪びとを招くためである』（マタイ９：13）

　私たちが罪人、体や心を病んでいるにもかかわらず、愛してくださるのではなく、私たちが罪人、体や心を病んでいるがゆえに、愛してくださる、イエスの御言葉である。罪人だからこそイエスのみ許に近づく権利がある。

III. 人を妬みません。

　先ず愛は寛容であり、親切です。「愛とは何か」は、このふたつの美徳によって描かれます。

　寛容と親切は愛というコインの表と裏、ふたごの兄弟、ふたつが揃って愛を形作る美徳、品性とされます。

　こうして「愛とは何か」を書いた聖書は、次に「愛とは何でないか」を七つの態度によって説明します。「愛は人を妬みません。愛は自慢せず、高慢になりません。礼儀に反することをせず、自分の利益を求めず、怒らず、人のした悪を思わず」と。

　聖書は言う。「妬みは骨の腐りだ」（箴言14：30）と。「妬む」という心は、「骨」「骨格」のように自分の奥底まで、私たちを腐らせてしまうと言うのです。「妬み」とはこれほど恐ろしいものです。

　こんな表現があります。「隣りの家に蔵が建つと、自分は腹が立つ」。誰かが、祝福される、あるいは、幸せになる。本当なら、それは一緒に「おめでとう」と言って喜ぶべきときです。それなのに、逆に、どこか面白くない思いになる。

　それが妬みの心です。

　聖書に、「喜ぶ者と共に喜び、悲しむ者と共に悲しむ」（ローマ12：15）という言葉があります。誰でもが、そうありたいと思う言葉です。

　しかし、ここで、よく言われることがあります。「悲しむ者と共に悲しむ」

　即ち、「他人の不幸に同情する」ことは比較的容易い（たやす）と言われます。なぜか？　それは、このような行動は、自分を高いところにおいて、優越感から不幸な人を見下げて哀れむという自己中心的な心からでもできるからです。だから、しばしば、不幸に遭った人が、皮肉にも、他人からの所謂「同情」を嫌うのです。

　いずれにせよ、悲しむ者と共に悲しむことは、自己中心からでもきる

ので比較的容易です。

　一方、「喜ぶ者と共に喜ぶ」ことは、自己中心からでは絶対にできません。人の心の奥底に潜む、この妬み心が邪魔するからです。

　しかし、ここで区別しておくべきことがあります。人を「妬む」ことと、人が持っているものを「羨ましく思う」こととは、必ずしも同じではないという区別です。

　後者に関して言うなら、それは人間の当然の感情です。誰かが幸せになり、祝福され、何か良いものを得たら、「私も、できれば、それを欲しい」と思うことは、それ自体、悪いことではありません。逆に言うなら、そういう心があるからこそ、私たちは、「良かったね」と、その人と一緒に喜ぶのです。

　しかし、前者は、そうではありません。「妬む」とは「自分も、できればそうなりたい」という積極的な気持ちではなく、「その人が、得たものを失えば良い」と願うような否定的、破壊的な心につながっています。妬みとは破壊的なものです。それは、自らの品性を破壊してしまう。他人との交わりをも破壊してしまう。そして、何よりも、神さまとの交わりを破壊してしまうものとなります。

　「妬み」の悲しいことは、それが、比較的近い人との間に起こる感情だということです。否、近ければ近いほどそれが強くなるということです。知らない他人、しかも、遠い存在の幸せを羨み、憧れることはあっても、妬むことはありません。しかし、私たちは、一番近い友人の幸せを妬み、その不幸をさえ願うのです。だからこそ、妬みは怖いし、恐ろしいのです。そして、特に悲しいことは、キリスト教信者と言われる人の中にも、もし愛が欠如し始めると、ひとつの小さな教会内でさえ、この恐ろしくも悲しい「妬み」の罪が入り始めるのです。

　ヘンリー・ドラモンド注4は言う。「妬みとは同じような仕事をしている人たちに悪意を抱くということであり、他人の持っているものをむやみにほしがったり、他人を非難したりするのと同じ心です。クリスチャンのすることのほとんどすべてにすら、こういったクリスチャンにふさ

わしからぬ感情が伴う可能性があるのです」と。

　同じ信者との経済状態の違いを比べてその人を妬む、子どもの成績や教育の違いを比べて妬む、その他、様々なことを比べて妬む、牧師も教会の状況を比べて妬む。

　しかし、「愛は妬みません」。愛する人は妬みません。喜ぶ人と一緒に喜ぶ愛を持っているからです。

　私たちが毎日の人間関係を築いていくときに関わってくる、あらゆる感情のうち、「嫉妬（jealousy/envy）」ほど厄介なものはありません。福沢諭吉も『学問のすゝめ』で、「およそ嫉妬ほど厄介な感情はない」と書いています。聖書にも「妬み」ということばが、繰り返し使われます。

　旧約聖書にヨゼフとヨハネの兄弟の物語が描かれています。そこに「兄たちはヨゼフを妬んだ」（創世記37：11）とあります。

　ヨゼフの持っている能力や、これから持つであろう権力に対して、兄たちが妬んだものですが、どうやら男の嫉妬には、このように権力、あるいは能力に関するものが非常に多いのです。

　会社で自分より出世する人や、同級生で一人だけ抜きん出て成績がいい人などに、男性たちは嫉妬心を持ちがちです。時にはこの感情が、大学の教授会ですら、厄介な揉め事の火種になったりします。

　この嫉妬の感情は、人間にとってあまりにも強いからでしょうか、こんな英語の文章があります。"He is green with jealousy." 直訳すれば、「彼は嫉妬で緑色になっている」となります。日本なら、彼は嫉妬で何色になっていると言うのでしょうか？　真っ赤、真っ青が浮かびます。嫉妬で青くなる。それほど私たちは、嫉妬という感情に振り回されてしまうのです。

　ところが、「女の嫉妬」となると、少々原因が違うようです。有名なのはグリムの『白雪姫』。地位や権力、お金、すべてを持っているお妃さまが、「だれが世界で一番美しいか？」と魔法の鏡に聞いたとき、鏡は残酷にも「それは森のなかの白雪姫」と答えるのです。そこで、お妃

さまは白雪姫に毒の林檎を食べさせて、殺してしまいます。「美」に対する嫉妬です。

　同じグリムの『シンデレラ』にも、同じモチーフが出てきます。継母に育てられている末娘のシンデレラ（「灰かぶり娘」の意味）は、とても美しく、その可憐さを姉たちがよく思いません。そして、いつもいじめてばかりいます。そのシンデレラが舞踏会で王子様と巡り会い、結婚して幸せになります。

　ここで嫉妬されているのは、シンデレラの能力や権力ではなく、「美しさ」です。どうも女性は、美しい同性に嫉妬の感情を抱きやすいようです。しかも、これまた現代に至っても、ちっとも変わっていません。職場や学校であまりにも美しい女性は、何かと嫉妬からくる意地悪の対象にされがちです。

　けれど、これらの男の嫉妬・女の嫉妬に対して、有名な"愛の書"コリント人への手紙でパウロは、私たち人間にとって最も大切なのは愛であると結論し、「私たちの心に愛があれば、人に対して寛容であり、親切であり、自慢もせず、高慢にもならない。また人を妬まない」と言っているわけです。

　「妬み」が私たちの心を縛り、支配しやすい深刻な感情だということがわかります。

　素晴らしい人、美しい人、できる人を見たら、盛大な拍手を送って、一切妬まないという習慣をつけたら、皆どんなに平安になることでしょうか。

　イエス様も、才能に満ちている理想の兄弟、ヨゼフとヨハネを妬む弟子たちに「それは、あなたと何のかかわりがありますか」（ヨハネの福音書21：15）と、人と比べることの無意味さを説明しています。

　星野富弘さん[注5]というクリスチャンがいます。

　星野さんは群馬県の中学校で体操の先生をしていましたが、ある時跳び箱から落下。ひどい怪我を負い、首から下が動かなくなります。

　長い入院生活を強いられ、そこで聖書と出会い、クリスチャンとなり

ました。そんな星野さんが聖書という鏡に自分の心を照らされた時の事をこのように書いておられます。
「私は体操の教師をしていて、体力に自信があったため、いつのまにか、体を動かすことによって、何でもできると錯覚していたようでした。自由に喋れたため、言葉で自分をごまかし、いつのまにかそれが本当の自分だと、勘違いしていたようでした。しかし、動くことも、喋ることも出来ずに寝ている毎日は、覆っていた飾りをすべて剥ぎ取られた本当の自分と向き合うこととなりました。

本当の私は強くもなく、立派でもなく、たとえ立派な事を思っても、次の日にはもういい加減な事を考えている、だらしない私だったのです。鍛えたはずの根性と忍耐は、怪我をして一週間くらいで、どこかへ行ってしまいました。

『星野さん、ちきしょうなんて言わないでね』ある時、私の治療をしていた看護婦さんが悲しそうな顔をして、言ったことがあります。

『え、おれ、ちきしょうなんて、言いましたか』

『あら、今も言ったわよ。星野さん。よく言っているわよ』

私の事をとても心配してくれる看護婦さんだったので、それからは、自分のことばに気をつけてみることにしました。すると、どうでしょう。私はしょっちゅう『ちきしょう』と言っていることに気がつきました。『今日は天気がいいなあ、ちきしょう』『ちきしょう、腹が減った』『あの人はもう退院してゆくのか。ちきしょう』等と、朝から晩まで自分でも気づかないうちに『ちきしょう』を口走っていたのです。

幸せな人を見れば憎らしくなり、怪我をして病室に担ぎこまれてくる人がいれば仲間ができたような気がしてほっとしたり、眠れない夜は自分だけが起きているのがしゃくに触って母を起こしたり……。熱が出れば大騒ぎをして、私の回りに先生や看護婦さんが沢山集まってくる事に優越感を感じたり、お見舞いの人が来てくれても、帰った後寂しくなると、相手に感謝するどころか、いっそ来てくれない方が良かったのにと恨んだり。本当に情けない自分と向き合わせの毎日だったのです」

病気になって健康な人を妬む。幸せな人を見ると憎らしくなる。不幸な人を見るとホッとする。皆さんは、こんなにも弱くて、情けない自分と向き合ったことがあるでしょうか。

　星野さんは、自分の心を蝕み、不幸にする妬みの罪を心から認めました。そして、情けなくてどうしようもない自分のために、イエス・キリストが十字架で死んでくださったこと、イエス・キリストの十字架の愛だけが、自分を罪から解放してくれる力であることを信じて、クリスチャンとなりました。

　クリスチャンとは、妬みの思いを抱かなくなった人のことではありません。むしろ自分がその様な思いの持ち主であることを認め、悲しむ者です。

　しかし、だからこそ、キリストの大きな愛を受けとり、キリストによって妬みに死ぬ者を心から人の幸せ、成功を喜ぶ者へと変えていただけることを固く信じ、そうつとめる者なのでしょう。

　その後星野さんは、9年間におよぶ入院生活の間に母親や看護師らの献身的な助言を受けながら、口にくわえた筆で水彩画を描き始め、後に詩を添えるようになりました。

　以来、星野さんの作品は、日本全国のみならず、世界で開催されている展示会で大きな感動を呼びました。また、随筆を織り交ぜた『花の詩画集』は数多くの教科書に掲載され、群馬県名誉県民を授与されました。

IV．自慢せず、高慢にならない。即ち、愛は謙虚である。

　「愛とは、この世で最も強い力であるが同時に最も謙虚である」
　"Love is the strongest force the world possesses, and yet it is the humblest imaginable."（マハトマ・ガンジー）

　ダンテの『神曲』でも、高慢は七つの大罪の中でも筆頭に挙げられています。この高慢からあらゆる罪が出てくるのです。

　キリスト教は歴史的に、この高慢を普通の罪ではなく、あらゆる罪の

源と考えて、神にもっとも忌み嫌われるものとしてきました（ヤコブ4：6）。

ところが、皮肉なことに、高慢は、人間が生きる動機として、かなり重要なものなのです。何らかの形で、自分の優位を他者に証明してみせるために、人は熱心になるのです。競争原理が有効な理由もここにあります。なぜなら、高慢は、原罪を持つ人間が自我を支える最も「普遍的な原理」だからです。

高慢がなければ、多くの人々は生きる動機を失います。人々が高慢なカリスマに引かれて、神々のように崇拝する理由もここにあります。

しかし、高慢とは原罪を持つ人間が〈神のようになる〉試みですから、うまくいくはずがないのです。ですから、高慢は本質的に矛盾を抱えているのです。

工藤篤子さん[注6]という、世界的なソプラノ歌手がいます。『賛美のこころ』という著書の「愛をもてる人にしてください」の中で次のように語っています。

「母からお小遣いをもらえるようになった私は、まっ先に聖書を買い、その日から読み始めました。

大学を受験する前、音大を受けるなら西洋音楽の背景にあるキリスト教をひととおり知っておいたほうがいい、ということは耳にしていました。それも聖書に関心を抱くひとつのきっかけにはなりました。

しばらくして、教会に行ってみようと思うようになりました。大学受験の頃、ラジオのキリスト教伝道番組で、メッセンジャーが『神さまは生きておられます』と語った言葉だけは、心の中にいつまでも新鮮な響きを失わずに残っていたからです。それで、高校時代の同級生Y君に連絡して教会に連れていってもらいました。

クリスチャンのY君は、今思えば神さまが備えておいてくださった証し人でした。というのは高校時代、担任の先生がY君の前で彼の性格をあげつらい、『俺はクリスチャンは嫌いだ！』と激しい口調で言ったことがありました。Y君はじっと我慢していました。私は『Y君は偉い。

普通の人とは違う』と思いました。

　私が最初に行ったのはＹ君が通っていた教会でした。たまたま私が出席した日に聞いたのは『もう盗んではいけません。嘘をついてはいけません』というメッセージでした。

　『あっ、これは私のことだ。どうしてこの牧師は私のことを知っているのだろう』

　隠していた秘密──母親が障がい者の妹ばかりかまうので気晴らしに万引きをくり返していたこと──（「歌唱に慰めを見出して」より）を言い当てられたような気がして、いやーな気分に陥った私は、それきり教会には行きませんでした。そして一人で聖書を読み続けていきました。当時の私は、自分が何を求めているのか、はっきりと自覚できていたわけではありません。でも、この本の中に、何かが見つかるかもしれないと思えたのです。

　音大ではドイツリートを学び始め、ことにブラームスの歌曲をたくさん学ぶようになりました。中でも聖句を用いて書かれた『四つの厳粛な歌』が好きでした。

　ある日、その中の四曲目に用いられている聖句の章を開いてみました。『愛は寛容であり、愛は親切です。また人を妬みません。愛は自慢せず、高慢になりません。礼儀に反することをせず、自分の利益を求めず、怒らず、人のした悪を思わず、不正を喜ばずに真理を喜びます。すべてを我慢し、すべてを信じ、すべてを期待し、すべてを耐え忍びます。愛は決して絶えることがありません』（コリントの信徒への手紙　第１、13）
　『──これが愛の定義なのか……。だとしたら私の心の中には、そんな愛などひとかけらもありはしない。それどころか母や妹、それに何人かの友人に対する憎しみ、恨みという否定的な感情をエネルギーとして生きてきたに過ぎない』

　そんな恨みや憎しみは、私の心の中で、長い間に石のようにカチンカチンに固まっていたのでした。私は思わずその場でこう祈りました。

　『神さま、私をどうか聖書に示された愛を持てる人間にしてください。

母や妹を赦して愛せる人間に変えてください』

　私が聖書に書いてあるような人間へと変わることができたら、きっとクリスチャンになれるのだろうと思いました。私は思い込んだら脇目も振らずに集中する性分です。ですから、もう必死で聖書を読んでは自己改造に励みました。その結果、周りの人たちから『あっちゃんは変わったわねー』などとほめられるまでになりました。

　しかしそれは、うわべだけの変化に過ぎませんでした。人から誤解を受けたり、ささいな感情の行き違いを味わったとたんに、怒りがこみ上げてきて爆発するのです。大体１か月に１度はそんな具合でした。

　当時、女流作家の安西篤子さんは"怒りの篤子"と呼ばれていました。私の名前も同じ篤子ですから、"怒りの篤子"というあだ名まで頂戴してしまいました。

　音大卒業後は、札幌放送合唱団や札幌二期会に所属し、オペラに出演する機会に恵まれました。しかしそこでも、しばしばライバル意識がぶつかり合います。自分よりも才能がある人に対しては、嫉妬心や劣等感が湧いてきます。逆に自分の方が才能があると思えば、プライドや優越感に満たされて人を見くだそうとします。私の中で、そんな感情が折々に渦巻くようになっていったのでした。

　これでは聖書が説いている愛のある人間像からますますかけ離れ、罪を重ねていくばかりです。しかも、それがわかっていても自制することができません。われながら本当に情けなくなりました。どんなに努力しても、自分で自分を変えることはできないのだと、つくづく思い知ったのでした。

『本当に能力がないと謙虚になれない』と」。

　この工藤篤子さんの話はまさに真実といえるでしょう。本当に凄い人は偉そうになんかしない。中途半端だから偉そうにする。偉い人はえらくする必要がないからです。

　高慢を克服するためには、高慢以外のもので自我を支える新しい原理を探す必要があるのです。聖書は、その原理を提供しているのです。そ

して、その原理は、高慢以上に人に生きる動機を与えてくれるものです。次に、このことを考えてみましょう。

「口は一つで耳が二つある意味は？」

かのベンジャミン・フランクリンが友人に成功する者に必要な要素は正直、勤勉、そして倹約であると話したところ、その友人から君は大切な事を忘れている、それは謙虚さだと返されました。

謙虚さとは何か？が定かでなかったベンジャミン・フランクリンは考えに考え、とうとう一つの答えを見つけます。それは「人の話をじっくり聞くこと」だったそうです。

昔から、口答えするとよく言われましたよね。耳が二つあって口が一つしかない理由を考えよ！　人の話をよく聞けってコトだ！　経験や実績を重ねると、どうしても自分が正しいと思ってしまう。齢を重ねるごとに再考しなければいけないことです。聖書に書かれている高慢を克服するための原理とは、それはまさに謙遜です。

高ぶらない心は、ビジネスの世界でも、なくてならない品格です。ハーバード・ビジネススクールの教授であるJ・L・バダラッコ[注7]は、その著書『静かなリーダーシップ』の中で、「謙遜」という人格的特質の重要性を強調している。

バダラッコ教授は、そのタイトル『静かなリーダーシップ』という表現を用いて、下記のように述べています。「アメリカのCEO（最高経営責任者）で一時期もてはやされた、英雄型で一見大胆なリーダーシップよりも、人間関係なども含め、複雑な問題を深く分析し、さまざまな状況判断のもとで解決を図ることがリーダーの役割である」と。

これらのリーダー論は、いずれもアメリカのものですが、『即断即決型』や『大胆なカリスマ型』が典型的なリーダーではなく、むしろ、優れた人格とバランス感覚、冷静な分析力を持った人がリーダーとしての資質であると解釈されていることがよくわかります。

時代の流れとともに、リーダーに必要な要件も変化していっていることがよくわかります。21世紀はより企業の社会的責任が問われてくると

考えられ、こういった大きな時代の流れに敏感になることも、リーダーの要件の一つです。

　人材育成にはスキルセットとマインドセットの2つの要素があります。スキルセットとは、必要な知識や技能です。日本では、このスキルセットを身に付けることが中心のように見えます。教えてもらう方も、具体的にどうやればよいのかという具体的ハウツーを期待しているケースが多いです。

　一方、経営人材育成で著名なハーバード・ビジネススクールのケースメソッドは、実際に起こったことを題材にするが、一般に正解というものはないといいます。ここでは、こういう場合にはどうしなさい、といった一般的な方法を整理して体系的に教えるのではなく、考えるフレームワークを学ぶ。

　なぜならば、事業や経営の問題は、多くは前例がなく、正解も必ずしもあるとはいえないものばかりです。このため、どういう意識や考え方をもって事に当たるかの基本的な考え方が重要です。本質的に重要なのは、スキルセットより、マインドセット、意識の方なのです。

　しかし実は、マインドセットを伝えるのは、そう簡単ではありません。セットというくらいだから、いろいろな考え方、意識の複合体であり、大変複雑な構造をしています。

　リーダーシップも、少し前に米国のCEOでもてはやされた比較的単純な、英雄型で一見大胆なリーダーシップよりも、人間関係なども含め、複雑な問題を深く分析し、さまざまな状況判断のもと万事解決を図るという「静かなリーダーシップ」の方が重要です。そして、単なる知識不足の問題であれば短期間で詰め込むことができるが、こうした複雑な要素、マインドセットは簡単には育成できない、とバダラッコは主張しています。

　この時代すべてが成長路線にあった時と異なり、国内的にも国際的にも不透明な部分が多く、先を見るのは難しい。この時代だからこそのリーダーシップには何が求められるのでしょうか。混乱の続く世界情勢

の中で、いまこそ高い倫理観、価値観に基づくリーダーシップが求められています。そして今、何より求められている価値は、謙虚さ、謙虚な心を持つことです。

　エグゼクティブ・セミナー、つまりリーダーを育てるセミナーを四半世紀続けているアスペン研究所の理事長アイザックソンは、「謙虚さが世界を救う」というタイトルの講演で、エグゼクティブに求める価値観が「謙虚さ」だと説明しました[注8]。新聞やテレビでの報道だけを見ていると、アメリカは横柄そのもので、力があるのだから何をやってもよいと考えているのではないかと思えます。そして、日本もそれに近い考え方を持つことが賢い選択だと言いつのり、そうでない人は現実を見ていないかのようにいう人が増えています。米国の人の口から、リーダーシップにとって最も大事な価値は"謙虚さ"であるという言葉を聞こうとは思ってもみないことではないでしょうか。

　さらに、アイザックソンは、「同盟は、戦略的利害関係でつくられてきましたが、最も堅固な関係は、利害が一致した時ではなく、あるべき理想・理念を共有できた時にできるのです」と述べ、かつて米仏が民主主義、自由、人権の尊重について価値を共有できた時同盟国になった例をあげます。そして、「20世紀は自由が勝ったのです。それを支えたのは、他者への寛容でした。自由が勝つとは、こうした寛容、そして謙虚さを維持することです。共通の価値観を理解し、それに基づいて寛容と謙虚さを実践する。21世紀もこの理念は生き続けるでしょう」と締めくくっています。

　アイザックソンは、米国の政策や社会について語っているのですが、これはそのまま、日本にもあてはまると思います。米国ほどの強大な力を持ってはいませんが、競争に勝つことが大事だというかけ声は、謙虚や寛容という美しい日本語を忘れさせます。会議や委員会も、相手の話を十分に聞いて、相互理解し、知識を共有し合って、その時得られる最もよい政策を考え出す場であるはずのところが、相手の話をまったく聞かないだけでなく、自らを十分に説明することすらしない場になってし

まっています。さらに最近は、民主主義、自由、人権や平和などという言葉を使うとなんだかバカにする傾向があります。平和ボケなどと言って。謙虚が難しいのと同じように平和も難しい。ボケていてできることではありません。

若き日のベンジャミン・フランクリンは、成功するための価値として、勤勉、誠実、節約など12項目をあげ、それを実行しました。ところが友人に、謙虚さという項目が不足していると指摘されたのです。そこで「謙虚」の言葉を加えたのですが、これはなかなかマスターできなかったと言っています。でも、それを装うことはでき、それでも役に立ったとも。装うだけでも相手の中に自分と共通するところを見つけようとするからです。

謙虚さとは、単に敬意を表すとか、相手におもねることではありません。謙虚であるためには、相互理解、知識の共有が必要なのです。

フランクリンの言葉を借りるなら、まずはふりをする努力からでも始めたらよいかもしれません。凡人としては、ふりをするだけでも得るところがあるのではないか。自然に接するとよいのは、どうしても人は自然の前では謙虚にならざるを得ないということでしょう。

フランクリンは1706年17人兄弟の15番目に生まれ、学校も2年間しか行っていません。ですが独学で数ヶ国語を話し、政治家、外交官、文筆家、哲学者、経済学者、科学者となりました。『時は金なり』『天は自ら助くるものを助く』『塵も積もれば山となる』よく知っている格言ばかりです。この方はUSAの100ドル札の肖像画になっている方です。アメリカ資本主義の父、アメリカン・ドリームの草分けの人ですが、日本では「凧揚げをして雷の原理を知った人」という認識しかなく、あまり有名ではないのかもしれません。しかしながらこの方の業績は広範囲にわたっています。政治家や発明家など色々な顔を持っていました。ベンジャミンの生きた経歴は何十人分の人生にも値していました。

ベンジャミンはとても謙虚な方でした。もちろん生き方が謙虚であるということも含めますが、神の前での謙虚さです。13の徳目を守り、習

慣化することに努力していくことが、神の喜ぶこととしました。

ベンジャミン自ら実践し提唱した、望ましい人格と行動様式『13の徳目』

第1	節制	飽くほど食うなかれ。酔うほど飲むなかれ。
第2	沈黙	自他に益なきことを語るなかれ。駄弁を弄するなかれ。
第3	規律	物はすべて所を定めて置くべし。仕事はすべて時を定めてなすべし。
第4	決断	なすべきことをなさんと決心すべし。決心したることは必ず実行すべし。
第5	節約	自他に益なきことに金銭を費やすなかれ。すなわち、浪費するなかれ。
第6	勤勉	時間を空費するなかれ。つねに何か益あることに従うべし。無用の行いはすべて断つべし。
第7	誠実	詐りを用いて人を害するなかれ。心事は無邪気に公正に保つべし。口に出すこともまた然るべし。
第8	正義	他人の利益を傷つけ、あるいは与うべきを与えずして人に損害を及ぼすべからず。
第9	中庸	極端を避くべし。たとえ不法を受け、憤りに値すと思うとも、激怒を慎むべし。
第10	清潔	身体、衣服、住居に不潔を黙認すべからず。
第11	平静	小事、日常茶飯事、または避けがたき出来事に平静を失うことなかれ。
第12	純潔	性交はもっぱら健康ないし子孫のためにのみ行い、これに耽って頭脳をにぶらせ、身体を弱め、または自他の平安ないし信用を傷つけるがごときことあるべからず。
第13	謙譲	イエスおよびソクラテスに見習うべし

「これまでの私の幸運は、まったく恵み深い神のみ心によるもので、私は神に導かれて前に言った手段を見出し、それを有効に使うことができたのである。このことを私はうやうやしく言っておきたい」[注9]

　自分の成功が自分だけでなし得たものではなく、神のみ心によるものとし、自分の成功は神の喜ぶものとしました。また自分の幸せが多くの人の幸せになるということを実践した成功者です。ありがちな姿として、自分の成功は自分の業績とし、成功しない理由として、他者をあげている人が多いのではないでしょうか。この方の生き方は自他の一体感にあ

るのです。本来の成功者とはこのような人のことをいうのでしょう。
　リーダーの存在感、常識とは、時代に合わせて変化します。
「私は、齢(よわい)を重ねれば重ねるほど、自分の判断を疑い、他者の判断により敬意を払うようになった」
　フランクリンは、晩年米国憲法会議で、ずっと大統領制や二院制に反対して来ました。しかし、最後には自説を捨て、全会一致で憲法法案を採択するように訴える演説をしました。初めの言葉は、その演説の一節です。自分の方針や価値観は、時代の趨勢に合わないことを気づけなくなった時、その人はリーダーとしての存在価値がなくなります。常識とは、時代に合わせて変化するし、市民の求めるものも常に変化していきます。人の評価は墓場に入るまでと言います。昔の成功に託けて、学会や会社で権勢をふるう、威張り続ける「過去(かこつ)の」人も少なくないでしょう。大科学者であり大政治家となってもフランクリンは、これまでの自己の価値観に固執せず、時代に合わせて考え方を変化させる謙虚さを身に着けていたのです。これが真の成功者といえるのでしょう。
　近代のキリスト教の世界で最も知られている説教者にアンドリュー・マーレー注10という人物がいます。彼の名著に『謙遜』という本があります。彼は言います。クリスチャンに最も必要なものは、謙遜であり、第二番目は、謙遜、第三も、第四も、第五も、謙遜であると。即ち、「謙遜」がすべてであると。
　イエス・キリストの兄弟ヤコブも、弟子のペテロも、口をそろえて言いました。「神は、高ぶる者を退け、謙(へりくだ)る者に恵みを与えられる」と。祝福の鍵は謙遜、高ぶらないことである。(ヤコブ4：6（412）ペテロ5：5（421））
　キリスト信仰者として、又、人間として、あるべき姿の模範を残されたイエス・キリスト。そのキリストは、「謙虚」なお方であったと聖書は記しています。(ピリピ2：3-8（352））
　神の国、即ち、信仰生活の根本原理を記す「天国の憲法」とも言われる「山上の垂訓」の冒頭で、キリストが言われたことは、「心の貧しい

人は幸いです」でありました。「心の貧しい」人とは、心がゼロのように空しくなって、私には何もないとへりくだった人の意味です。

　これらから、人が幸せになるために必要な根本的姿勢、人が神さまから祝福されるために必要な基本条件は、「謙遜」であると言えます。即ち、謙遜のない人には、感謝と喜びが少ない。謙遜のない人には、批判と争いが絶えない。謙遜のない人には、イライラと不安がある。

　謙遜とは、単なる、自分を駄目だと卑下する心ではありません。そのように自分を卑下する心は、謙遜というより、むしろ、私たちを造ってくださった神に対する侮辱であり、冒瀆でさえあります。また、過剰な自己卑下は、傲慢さや強い自尊心の裏返しです。誰かを見下して優越感を持っている人は、自分を超える人に常に劣等感を持ち続けているのです。そのような二面性の中で必要以上にへりくだった人は信用できないでしょう。

　マウリツィオ・ポリーニ[注1]は、現役ピアニストの中で、最も高い評価を受けているひとりです。86年に来日した際に青少年のための特別公演を行いました。彼の弾くベートーベンのソナタ、それはそれは素晴らしい演奏で、聴衆も歓喜し腰が抜けたように感動し、もう何も語りたくないという放心状態に陥った。

　演奏会終了後のインタビューで、聞き手が「観客があなたの音楽に酔い、歓喜で応えましたね」とマイクを向けた時、ポリーニは少し間をおいてこういった。「若いピアニストに是非、ベートーベンの音楽を聴いて欲しかった。若者が歓喜したのは、ベートーベンの音楽の素晴らしさによるものでしょう」と語ったのでした。

　ポリーニの演奏は、楽譜にさえ忠実で、作曲家への畏敬の念に満ちている。そんなポリーニの謙虚な人柄、また若者に対する慈愛に満ちた態度は、まさに、「人間の生の目的は、謙虚さと愛にある」だったのです。

　人間の生涯の指針は謙虚さを身につけることと、人を愛すること……。これこそポリーニその人なのです。

　謙遜とは、むしろ、自分を飾らず、自分をそのまま、ありのまま差し

出せる心です。自分は、自分の力で生きてきたというより、神さまと周囲の人のお陰で生かされてきたことを知っている心です。だから、自分が何かできたときでも、自分に関して自慢しないし、高慢にもなりません。

しかし、人間が、神さまの前に最もへりくだるのは、神さまが、私たちを造り、神さまの力で生かされているという実感ではありません。それ以上の理由があります。

それは、神に逆らう私たちの傲慢の罪を赦すために、神がその独り子を十字架につけてまで、私たちを愛して下さった事実です。この愛を知るとき、私たちはへりくだらずにおれません。何かを自慢できなくなります。以前のように高ぶらなくなります。そんな人に神は祝福を注がれます。そんな人のそばに愛の祝福があります。

再び、ウィリアム・バークレーを引用したい。彼は言う。「誠に偉大な人物は、自分で自分が偉大な人間だなどと決して思わないものだ」そう言って、そのような人物の一人として、ウィリアム・ケアリーのエピソードを紹介しています。

彼は、確かに、世俗的な観点からいうと、以前は、しがない靴直しでした。しかし、彼は、クリスチャンとなってから、一生懸命勉強し、言語学者となり、優秀な宣教師となってインドに行き、世界に名を馳せるような大きな働きをしました。そして、34を下らぬインドの諸言語に聖書を翻訳する大業も成し遂げました。

しかし、当時の、インドに居留していた欧米各国の富裕階級の人々からは、しばしば、嫌悪と軽蔑の目をもってみられました。

ある晩餐会の席上で、上品ぶった男が、ケアリーを辱めるつもりで、みんなに聞こえるように言いました。「ケアリーさん、あなたは昔靴屋をやっておられたそうですな」と。すると、ケアリーは、「いいえ、閣下。靴屋ではありません。靴直しです」と答えました。

つまり、彼は、「靴屋までも行きません。私は単なる靴の修理人であった」と言ったのです。自分を公衆の面前で軽蔑した者にも、「閣下」

と答えて、礼を尽くしたケアリー。彼の高ぶらない謙虚さの前に、他人の悪意は屈したのです。ケアリーも、次に出てくるダビデに負けず劣らず、愛の人、愛の達人でした。ケアリーがそんな謙虚な人であったからこそ、彼の働きは多くの人々に祝福をもたらしたのです。

　どうすれば謙虚な人間になれますか？
「決まってるだろ、人を愛することだ！」と、それくらいは誰もが答えられます。しかし、人を心から愛するには、心にゆとりがなければ難しいものです。

　幼児期からの過当な競争。他人との差異ばかりに執着する。これでは他人の功を労い、素直に賛美する心など養われるはずがありません。競争を全面的に否定するものではありませんが、競争を開始する時期が早すぎるのも問題を深刻化させています。一歩たりとも他人に先に行かせる訳にいかないと、競争に勝つことを至上命題として自尊心を満足させてきた人に、安住はありません。
「結果がすべてです」メジャーリーガーのイチロー、ワールドカップサッカーの日本代表選手、さらには総理大臣の安倍さんまでが、口をそろえて唱えています。果たしてそれで良いのでしょうか？

　双六の目的は上がることであり、誰よりも早く上がることに意義がありますが、人生とはそういつもいつもサイコロを振るものではないのです。

　中国に「百里を行く者は九十を半ばとする」という故事があります。この言葉は、目的地に達することよりもその途中にある苦しみや楽しみを心ゆくまで味わい、体験することの方がむしろ目的地に到達することより大切だと説いています。

V.　礼儀に反することをしません。

　礼儀に反すること、もとのことばでは「正式な作法、マナーに従わないこと」という意味でした。どんな人間の社会も、作法、マナーで成り

立っています。

　服装、食べ方、物の言い方、その場にふさわしい振る舞い方のことです。愛は相手のためにこうしたものを軽んじない、尊ぶというのです。

　すぐ前に「愛は高慢にならず」とありますので、人に対する高慢で無作法な態度が戒められ、礼を尽くした優しい態度が求められている、と言って良いでしょう。

　ところで、人に対し礼を尽くした優しい態度と聞いて、私が真っ先に思い浮かべる人物は旧約聖書の英雄ダビデです。とりわけ、イスラエルを統一し、国に平和と繁栄をもたらしたダビデが、没落した前王サウル家の孫メヒィボシェテに示した態度は忘れがたいものがあります。

　メヒィボシェテはダビデの親友ヨナタンの息子、つまりイスラエル最初の王サウルの孫でした。サウルとヨナタンは戦闘の最中に倒れ、後に王座についたのはダビデでした。

　何事につけても荒々しいこの時代。新しい王はそれ以前の王の一家を皆殺しにして領地を確保するということがよく行われていたのです。もちろん、ダビデはそんなやり方に倣うつもりは毛頭ありませんでした。

　しかし、それを知る由もないサウル一族は、急いで逃亡しようとします。そして、逃亡中事件が起こりました。小さかったメヒィボシェテが乳母の手から滑り落ち、両足を損傷。その傷により、メヒィボシェテは残る生涯、不自由の身となったのです。

　その後元王子メヒィボシェテは二十年近くも、都を遠く離れた、不毛の地で生活することを強いられました。サウル一族はひたすら新王ダビデを恐れていたのです。

　一方ダビデ王国は繁栄を極めました。ダビデは戦場では負け知らず。国は大きく成長。得意の絶頂にあったダビデは、しかし、親友ヨナタンとの約束を忘れていませんでした。

　というのは、その昔。仕えていたサウル王が自分を殺そうとしているのを知ったダビデは、恐怖のどん底にいたのです。しかし、それを知ったサウル王の息子ヨナタンは親友ダビデを救うと誓い、その見返りとし

て、「あなたの恵みを私の家から絶たないでください」と頼み、ふたりは固い約束を結んだのです。

「ヨナタンに命を救ってもらわなかったら、今の自分はない」と思い、親友が身をもって示してくれた恵みを生涯忘れることのなかったダビデが口にした質問。それがサムエル下9：1にあります。

　ダビデが言った。「サウルの家の者で、まだ生き残っている者はいないか。私はヨナタンのために、その者に恵みを施したい」

　政治的な策略ではない。人に称賛されたくてしたことでもない。サウル一族に何かをしてもらうためでもない。かつて弱くて、惨めで、無力な時、ヨナタンに命をかけて救われた者として、サウルの家の者に恵みを施したい。心から恵みにとらわれたダビデの告白です。そして、没落したサウル家の元王子はこの時不幸でした。

　サウルの家にツィバという名のしもべがいた。彼がダビデのところに召し出されたとき、王は彼に尋ねた。「あなたがツィバか」

　すると彼は答えた。「はい、このしもべです」

　王は言った。「サウルの家の者で、まだ、だれかいないのか。私はその者に神の恵みを施したい」

　ツィバは王に言った。「まだ、ヨナタンの子で足の不自由な方がおられます」王は彼に言った。「彼は、どこにいるのか」

　ツィバは王に言った。「今、ロ・デバル（不毛の地）のアミエルの子マキルの家におられます」

　そこでダビデ王は人をやり、ロ・デバルのアミエルの子マキルの家から彼を連れて来させた。

　足が不自由で、不遇な親友の子どもをようやく見つけ出したダビデは、いよいよ彼と対面。破格の恵みを施しました。

　サウルの子ヨナタンの子メフィボシェテは、ダビデのところに来て、ひれ伏して礼をした。

　ダビデは言った。「メフィボシェテか」

　彼は答えた。「はい、このしもべです」

第3章「愛の特色」

ダビデは言った。「恐れることはない。私は、あなたの父ヨナタンのために、あなたに恵みを施したい。あなたの祖父サウルの地所を全部あなたに返そう。あなたはいつも私の食卓で食事をしてよい」
　彼は礼をして言った。「このしもべが何者だというのでしょうか、あなたは、この死んだ犬のような私を顧みてくださるのですか」
　そこで王はサウルの若い者であったツィバを呼び寄せて言った。
「サウルと、その一家の所有になっていた物をみな、私はあなたの主人の子に与えた。あなたも、あなたの息子たちも、あなたのしもべたちも、彼のために地を耕して、作物を得たなら、それはあなたの主人の子のパン、また食物となる。あなたの主人の子メフィボシェテは、私の食卓で、いつも食事をすることになる」（サムエル下9：6〜10）
　サウル家の土地を全部返し、ダビデ王家の食糧で養うというだけでも恵みであるのに、メヘボシェテは何と王家の食卓で毎日食事をすること、つまり王子扱いの栄誉を受けたというのです。
　普通得意の絶頂にある人が示す態度といったら何でしょう。昔の恩は忘れる、傲慢、横柄、我儘、人を見下す、上から目線でしょうか。
　しかし、ダビデという人はそういうものとは無縁でした。むしろ、弱き者にこそ寛容で優しく、礼を尽くして接したのでした。
　米国には義理人情はないと言います。確かに、見返りを期待しないのが真の愛であり、持ちつ持たれつは嫌われ、独立が尊ばれるのが西洋社会です。しかし、東洋でいう恩返しは西洋では礼にあたるもので、受けた愛を終生忘れないのは洋の東西、時代の昨今を問わず変わらない普遍の原理なのです。
　よく、私たちはこんなことを言わないでしょうか!?　「心に愛さえあれば、態度や振る舞いが多少がさつで、乱暴であっても構わない」と。確かにそうです。
　一方、上品そうで、礼儀正しい態度や振る舞いをする人の心の中に、実は、冷たい愛のない心が隠されていることがよくあります。
　また、日本人は世界で最もpolite（礼儀正しい）であるといわれます。

しかし、取りあえず頭さえ下げておけば、のような表面的な礼儀正しさがチラついていることも少なくありません。

そのことを思うと、確かに、態度や振る舞いという外側のことなんてどうでも良いと思うのは当然です。

そして、そのことは、ヤクザ人生からクリスチャンになった人たちの姿からも学ばされてきたと思います。彼らは、クリスチャンになったばかりのころ、言葉や行いに粗野なところは一杯あったと思います。

でも、いつでも心は真実であったから、その真実な心が人の心を打って来たという証しを一杯聞いてきました。だから、ここで「愛は無作法をしない」というのは、そういった表面的なことではないのです。第一、ヤクザは、ある意味で、礼儀正しい。それを「仁義」と言います。ヤクザは仁義に厳しい。彼らは、決して礼を欠くようなことはしません。「礼」とは何か？　それは、お世話になった人の恩義を決して忘れない心であり、年長者を敬い、人々との和を尊ぶ心です。それらは、東洋の文化の中に、中国の儒教文化の中に、日本の文化の中に、神さまが、愛の性質の顕れの一つとしてくださった賜物です。

それゆえ、それらは、また、聖書の中に明確に強調されています。（1）父母を敬うこと、（2）年長者を敬うこと、（3）立てられた権威に服すること、（4）人々との和を重んじること、（5）人々の気持ちを思いやること（但し、これは、人の思惑を気にすることとは違う）等々は、皆、ことごとに聖書が教えていることです。

「愛する」ということが、今の時代、余りに、西洋文化が築き上げた「個人主義」の中だけで捉えられてしまっていないかと危惧します。人に対する礼儀を守ることなどは、古臭いことであり、まず自分のしたいこと、自分の権利を守ることが優先という時代です。

だから、わざわざ「シルバーシート」や「優先席」などというものがつくられなければならない。それでも守らない人がいます。宗教者でもそうです。殊に、案外クリスチャンがひどい？　昔、新興宗教に入っていたあるクリスチャンの友人が、その宗教団体の人々の訓練されたマ

ナーとクリスチャンのマナーのなさを比較して嘆いていました。

聖書は、ハッキリと「自分のことだけでなく、人のことを考える人になれ」（フィリピ2章3-4節）と奨めています。

ウィリアム・クラークが、現北大の前身である札幌農学校で、将来を嘱望される若者たちの指導に当たったとき、彼は、あらゆる煩雑な校則を排除して、たった一つの校則を設けました。それは、「Be a gentleman」でした。

彼が、そうしたのは、生徒一人一人が「gentleman」であろうとするなら、一々細かいことをうるさく決めなくても、かならず、他の人のことを思いやり、礼儀にかなった正しいことを一つ一つの問題にぶつかりながらも実行して行ってくれると信じたからです。

愛も同じです。人が、単に人間的で、自己中心の愛でなく、聖書が言う神の愛に生きようとするなら、必ず、人に対して「礼儀に反する」ような、失礼（rude）な言葉、態度、振る舞いは避けるようになります。少なくとも、成長と共にそれに敏感になっていくはずです。

VI. 自分の利益を求めません。

英語の聖書では、Love is not self-seeking. 自分の利益を求めない。愛は相手の利益、幸せを思い、考え、行動するものだというのです。

トルストイの民話に「人にはどれだけの土地がいるか」という物語があります。欲にかられて自分の利益だけを追求して生きる人生がいかに虚しく、私たちの人格を破壊してしまう恐ろしいものであるかを描いています。

念願かなって広い土地を手に入れた農夫パホームは、ある商人の話を聞いて欲にかられます。それは「その町に行くと、町の人々はとてもお人よしで、贈り物をすれば、あなたが欲しいだけの土地を分けてくれる」というものでした。実はこれ、彼を破滅させるための悪魔の誘惑だったのです。

早速馬車をとばしてその町に出かけたパホーム。町の人々と交渉し、「あんたが一日かけて歩き回った土地を、ひと月分の賃金で売ってあげよう。ただし、日が沈むまでにここに帰ってこなければならない」という、信じられないような好条件を提示され、一も二もなく歩き出します。「歩けば歩くほど、自分の土地が増えるんだ。こんな楽しみなことはないぞ」そう思って張り切って歩くパホームは、しかし、目の前にも、右にも、左にも、良さそうな土地が広がっているので、つい欲張りすぎて、歩き過ぎ、疲れ過ぎました。

　やがて太陽が西に落ちてゆくのを見て、必死でスタート地点に帰ろうとしますが、時すでに遅し。走って、走って、心臓が飛び出すぐらい走ったため、丘の上に戻ったパホームは、その場で力尽き、倒れ、死んでしまった、というお話です。

　お伽話の「おむすびころりん」に登場する、欲張りな隣のおじいさんと同じです。この強欲なおじいさんと無欲なおじいさんの対比は、因果応報の仏教思想に基づいています。

　「あなたはこの物語の農夫や欲張りじいさんと似ている」と言われたら、皆さんは腹を立てるかもしれません。しかし、一旦動き始めたら止めることの出来ない「欲張りもん」という虫が、自分の中にもいる、と気がつくことは容易ではないかと思います。

　イエス様も、全く同じことを教えられました。「いのちを救おうと思う者はそれを失い、わたしと福音とのためにいのちを失う者はそれを救うのです」

（マルコ8：35）

　このことばの前半「自分のいのちを救おうと思う者はそれを失う」の「自分のいのちを救う」とはどういう意味でしょうか。

　これは自分が一番利益を得たい、自分が一番偉くなりたい、高い所に上りたい、というように、自己利益追求型の人生です。

　人を見る時も、自分にとってどれ程役に立つのか、神に対してさえも、その神がどれ程自分にご利益があるのかという視点でしか見ない、自己

第3章　「愛の特色」

中心の人生です。

それに対して後半のことば「わたしと福音とのためにいのちを失う者はそれを救うのです」の「いのちを失う」とはどういう意味でしょうか。それは、自己中心の生き方をやめること、むしろ神と人とを愛し、神と人のために自分が存在すると考え、その様に生きることなのです。

こんな話が新聞に載っていました。あるハンセン病専門の病院で実習をした方の体験談です。

「ある部屋にふたりの男性がいました。ひとりの男性Mさんは、病気のため失明していました。とても明るい人でしたが、家族はひとりもなく、貧しく、病院の外には一歩も出ていないというクリスチャンでした。もうひとりのHさんはテレビを見るのが大好きで、休憩室で一日中テレビを見るのが大好きでした。

冬休みのある日、目の不自由なMさんとおしゃべりをしていると、Mさんがこう言いました。『私はね。絶対に扇風機を買いますよ』『えっ、今は冬でしょう。扇風機はいらないでしょう？』と言うと、『この病院は夏になると猛烈に暑いから、来年の夏に買えるよう、貯金をしているんですよ』貧しいMさんは、僅かな収入から貯金をして、夏には扇風機を買う、という夢を持っていたのです。

半年が過ぎ、夏の暑い日にその病院を訪問しました。Mさんの部屋に扇風機はありませんでした。貯金が間に合わなかったのだろうかと思い、気になって『Mさん、あの扇風機どうなったの？』と聞くと、『扇風機がなくったって、死にはしませんよ』という答え。『ああ、お金がなくて買えなかったんだな』そう思った私の心を読んでか、Mさんは『お金はありましたよ。でも同室のHさんの病気が悪化して、足を切断したので、テレビのある休憩室まで行けず、寂しがっていたんです。だから、扇風機ぐらいなくったって死ぬことはないと思って、扇風機の貯金でテレビ買ってあげました』とさりげなく話してくれました。

自分は目が不自由でテレビを見ることができなくとも、友達がそれを見て楽しんでくれれば、その喜びが自分の喜びとなるというのです。M

さんの心は友達の喜びで十分満たされていました。人のために自分のいのちを失う者はそれを救う。イエス様の教えを実践して幸いを得たMさんの小さな証しでした」

　それでは、どうすれば私たちは、ダビデやケアリーの如く、弱者にも敵にも礼を尽くし接することが出来るのでしょうか。Mさんのように、自分の利益を捨て、友の喜びを自分の喜びとする生き方が出来るのでしょうか。ふたつのことに取り組みたいと思います。

　ひとつは、日々神さまの愛を思い続ける者となる、ということです。「私たちが神を愛したのではなく、神が私たちを愛し、私たちの罪のために、なだめの供え物としての御子を遣わされました。ここに愛があるのです。愛する者たち。神がこれほどまでに私たちを愛してくださったのなら、私たちもまた互いに愛し合うべきです」（Ⅰヨハネ、4：10、11）

　ダビデは本当に自分が弱く、無力な存在で、惨めであった時、いのちをかけて助けてくれた親友ヨナタンの愛を生涯忘れず、その愛に動かされ、メヒィボシェテに恵みを施しました。

　果たして、私たちは日々どれ程神さまの愛の凄さを思い、その愛に動かされて生きているでしょうか。天地万物を創造された神さまが地の塵のような私たちに目を留めてくださり、私たちの救いのために昼も夜も心を砕き、御子イエス様を自分の罪の身代わりに十字架の死に遣わされたことを思うためにどれだけ時間を使っているでしょうか。

　イエス様が私たちの罪を赦し、神の子としての栄誉を与え、永遠のいのちを楽しむために、身を低くして注がれる愛を受け取っているでしょうか。この神の愛を思うなら、身を低くして礼を尽くさなくてもよい人など、ひとりもいないことに、私たちは気がつくはずです。

　ふたつ目は、自分をではなく、神さまをとことん信頼することです。

　ことばを変えて言えば、クリスチャンであれば、ふたつのことを信じることです。ひとつは、自分の努力では絶対に愛の人にはなれないこと、もうひとつは自分のうちに神が住んでおられ、自分のような罪人を必ず

や愛の人に造り変えてくださることです。愛の人となるための戦いの原動力は、神さまへの信頼にあることを覚えておきたいと思います。

ヘンリー・ドラモンド注4は、この箇所にこのようなコメントを加えています。「パウロは、（ここで）私たちに、自分の権利を放棄するように要求してはいません。愛は私たちにもっと深いことを求めます。……自分の権利を放棄することはそんなに難しいことではありません。……難しいのは自分自身を放棄することです」と。

ある意味で、これが愛の究極の姿です。愛とは、イエス様が言われたように、「心を尽くし、思いを尽くし、力を尽くし、すなわち、全部をもって神を愛する」ことであり、「あたかも自分を愛するように、しかし、自分でなく、隣人を愛する」こと。即ち、無私、自己滅却、自分の利益を求めないで、他人の利益と神さまの栄光を求めて生きること、これが愛です。

VII. 怒らない。

愛は怒らずとありますが、短気が愛の分析においては、中心的な位置を占めてくるのです。

ここで、最初に区別しておきたいことがあります。それは、「怒る」ことと「叱る」ことの違いです。私たちは、間違ったことをしている子どもを教えるために「叱る」必要があります。しかし、私たちは、しばしば、子どもを叱るのではなく、自分のイライラした感情をぶつけるようにして怒ってしまっています。

私たちは、それが、子どもに対してであれ、伴侶や、親、友人、誰に対しても、このような怒りを避けなければ、愛に生きることはできません。愛は怒らないからです。

しかし、私たちは、ヘンリー・ドラモンドが言うように、この怒りの罪に対して甘いのです。

ドラモントは言う。「私たちは、ともすれば、短気を無害な欠点と考

えがちです。それを単なる生まれつきの欠点、遺伝的な弱点や気質の問題として語り、人の品性を評価するうえでまともに取り上げるべき問題ではないと言います。しかし、それが愛の分析においては、中心的な位置を占めてくるのです。しかも聖書は、それを人間性における最も破壊的要素として、繰り返し、繰り返し糾弾しています。短気の特徴は、それが有徳の士によくある欠点だということです」と。

シェイクスピア[注12]の悲劇物語「オセロ」の主人公オセロは、名将として人々から尊敬されていました。武将としても、人格者としても彼は人望を集めていました。しかし、彼は、妬みから来る「怒り」をコントロールできませんでした。

そして、結局、無実の妻と部下を殺し、自らも命を絶つことになり、すべてを失ったのです。

バークレーは言う。「激怒はつねに敗北のしるしである。癇癪を起こして、平静さを失うと、私たちは、すべてのものを失ってしまう。……自分の心を抑えうる人は、何でも支配しうる人になれるはずである」と。

モーセも同様でした。彼も、柔和な人物として尊敬を受けていた偉大なリーダーでした。

しかし、彼は、自分が導いていたイスラエルの人々が、余りに頑なで、傲慢で、不平たらたらに、モーセに逆らってくる姿に、遂にたまりかねて、持っていた杖で、岩をいきなり二度まで叩くという行動に出て、その激しい怒りを表しました。

神さまの素晴らしさを見せ、指し示すことによってではなく、自分の激しい怒りによって、人々に神の御心を示そうとした彼の態度は、神さまを長く悲しませることになり、彼は、そのことのゆえに約束の地に入ることを許されませんでした。

ヤコブは、このことを明確に語っています。「人の怒りは、神の義を実現するものではありません」（ヤコブの手紙1章20節）と。そして、この怒りの問題が、私たちにとって重要な理由は、その怒り、短気の背後に、嫉妬、自尊心などの問題が潜んでいることです。愛に生きるもの

第3章 「愛の特色」

は、如何なるときにも、怒りに身と心を委ねてはならないのです。

一方で、「愛は怒らず」と言っても、聖書はすべての怒りを否定しているわけではありません。

神さまは聖人であられるがゆえに、イスラエルの民の罪に対して怒りを表しました。イエス・キリストも、人間を苦しめる死の力に憤り、愛するラザロを墓から甦らせました。神殿において貧しき人々の礼拝を妨げていた商売人たちに怒りを露わにし、台をひっくり返して、商売道具を一掃しました。

聖なる怒り、愛に基づく怒りというものがある、ということです。親が愛する子どもの中に酷い悪を見たなら、これを悲しみ、これを怒るように、この世には怒りを向けるべき罪があり、怒りを表すべき時がある、ということでしょう。

確かに、英語の聖書を見ると、It is not easily angered（never quick to take offence）「愛は怒りっぽくない」「愛は短気ではない」「愛は簡単に怒らない」「愛はすぐに反撃しない」等とあり、すべての怒りが否定され、禁じられているのではないことが分かります。

しかし、それと同時に、私たちが怒ることにおいていかに罪を犯しやすいか、それがゆえにどんなに慎重であるべきか、注意すべきかを教えているのも聖書でした。

内村鑑三は言っています。「この世に義憤、正しい怒りというものはあるだろう。けれども、謙虚な愛が激しい怒りを発することはめったにない。公憤、公のための怒りと私憤、自分のための怒りは混じりやすいし、自分のための怒りに駆られて地獄に落ちる者の何と多いことか。このように怒りはとても危険なものなので、軽々しく発すべきものではない」

まことにその通りでした。では、聖書が禁じている怒りとは、どのようなものなのでしょうか。怒りによって身を滅ぼしてしまった人、旧約聖書サムエル記に登場するサウル王を例に考えてみたいと思います。

サウルはイスラエル初代の王様です。これから読むのは、サウル王と

部下のダビデがイスラエルの宿敵ペリシテ人を撃破し、故郷に凱旋する、という場面です。

サムエル上18：6-11「ダビデがあのペリシテ人を討って帰ってきたとき、みなが戻ったが、女たちはイスラエルのすべての町々から出てきて、タンバリンを打ち、喜びの声をあげ、三弦の琴をもって、歌い、喜び踊りながら、サウル王を迎えた。女たちは、笑いながら、繰り返してこう歌った。『サウルは千人を討ち、ダビデは万人を討った』サウルはこのことばを聞いて、非常に怒り、不満に思って言った。『ダビデには万を当て、私には千を当てた。彼にないのは王位だけだ』その日以来、サウルはダビデを疑いの目で見るようになった。その翌日、神からの悪い霊がサウルに激しく下り、彼は家の中で狂いわめいた。ダビデは、いつものように、琴を手にしてひいたが、サウルの手には槍があった。サウルはその槍を投げつけた。ダビデを壁に突き刺してやろう、と思ったからである。しかし、ダビデは二度も身をかわした」

国を守るための戦いから凱旋した兵士たちを、歌と踊りで歓迎する町の女たちの姿です。彼女たちは、中でも抜きん出た働きをした二人の勇士に賞賛を惜しみませんでした。ふたりの勇士とはダビデとサウル。サウルは背が高く、堂々としたイスラエルの王、ダビデは紅顔の美少年で、その部下。サウルはダビデが弾く琴の才能を愛し、ダビデは喜んでサウルに仕える。ふたりは同じ国で育ち、同じことばを話し、同じ戦いを戦い、同じ神を礼拝する、麗しい主従の間柄、とても良い関係にありました。

それなのに、何がふたりの良い関係を引き裂いたのか。それは、怒りでした。心に宿った激しい怒り、これがサウル王の心を、人生を狂わせました。その怒りとは、一体どのようなものだったでしょうか。

第一に、サウルの怒りは不正な怒りでした。「このことばを聞いて、非常に怒り、不満に思った」（18：8）とある通り、彼の怒りのきっかけは、「サウルは千人を討ち、ダビデは万人を討った」という女たちのことばだったのです。常に自分が第一位、お山の大将でなければ気がすま

なかったサウルは、このことばにカチンときました。その激しい怒りはダビデに一直線に向かいます。ダビデには何の過失もなかったのに、です。
　怒りの原因はサウル王の高慢でした。高慢な人は気むずかしく、少しでも自分に逆らうようなこと、自分の望みに反することが起こると、相手に責任があろうがなかろうが、たちまち怒りを発します。相手の何気ないことばや、やむをえない状況で起こったことにも怒り出すでしょう。取るに足らない理由で、簡単にイライラし、むかつき、腹を立てるのです。
　第二に、サウルの怒りは度を越していました。聖書は、翌日、サウルが家の中で狂いわめき、いつものように琴を手にしてひいたダビデに向かって槍を投げつけ、壁に突き刺そうとした、と書いています。
　理性より感情が先走る。ここで怒ったら、自分にとって、他者にとって、どのような益があるだろうか、などとは考えない。むやみに怒りを激発させる。ついには、我を忘れ、自分で自分を制御できなくなるほど大きなものとなる。これも、聖書が禁じている怒りでした。
　現代で言うなら、スーパーで、言うことを聞かない子どもを怒鳴りつけ、体を叩く母親。レストランで、注文を間違えたウェイトレスを立たせたまま、長々と文句をいい、責める客。道路では、前の車が遅くてイライラしているのか、ライト点滅攻撃や恐ろしいほど接近して、脅すドライバー。いずれも度を越した狂気の怒りでしょう。
　本物の槍はなくとも、怒鳴り声という槍、ひどいことばの槍、脅かしという槍。私たちも、これらの槍を一体何度投げてきたでしょうか。
　確かに、義憤（正しい怒り）や公憤（公のための怒り）というものはあるだろうが、私憤（自分のための怒り）と正しく使い分けることができる人はどれくらいいるでしょうか！　義憤や公憤といったものに私憤は混じりやすく、怒りは危険で軽々しく発すべきものではない。
　第三に、サウルの怒りは自分のための怒り、復讐のための怒りでした。
　この後、サウルはダビデを千人隊の隊長にします。一見、サウルが心

を入れ替え、ダビデを栄転、昇進させたかに見えます。しかし、本当の所は、ダビデに重い責任を負わせ、大きな失敗を願う、あわよくば戦場で命を落としてくれたらと願う。つまりは、邪魔なダビデを排除するため、復讐心から生まれた人事異動でした。

しかし、この作戦は失敗します。先頭に立って戦うダビデを人々は慕い、行く先々で勝利をおさめ、その評判は高まるばかりでした。やがて、王は部下を率いて、逃げるダビデを追い掛け回し、その評判は地に落ちます。怒りに駆られ、怒りで人生を滅ぼしてしまったサウル、その哀れな末路でした。

さて、果たしてこのサウルという人、皆様にとって他人でしょうか。それとも自分を映す鏡でしょうか。今日私たちが覚えたいのは、このサウルを鏡にして、自分を振り返るということです。

自分が怒る時、その怒りに正しい理由はあったか。度を越してはいなかったか。自分の思い通りにならないというだけで、むかついたり、イライラしたりしたことはないか。自分が怒っているのは真理のため、相手のためと思っていたが、本当に気にかけていたのは、自分の個人的な利益やプライドではなかったか。

私たちは、こんなことを吟味する者となりたいのです。そして怒って罪を犯してしまう者をも愛してくださり、赦してくださり、きよめてくださるイエス・キリストを頼って歩んでいきたいと思います。

『論語』のなかで「怒りを遷さず」という有名な一文があります。

哀公問う、「弟子孰か学を好むとなす」孔子対えて曰く、「顔回という者あり。学を好む。怒りを遷さず。過ちを弐たびせず。不幸短命にして死す。今や則ち亡し。未だ学を好む者を聞かず」

孔子晩年のことです。魯国の君主、哀公が孔子に次のように尋ねました。「あなたの弟子の中で、あなたの教えを好み、修養を積んだのは誰ですか」孔子が、それに答えて言われた。「顔回という弟子がおりました。わたしの教えを忠実に守り、好んで修養を積みました。(いわば、わたしの後継者といえましょう。顔回は、何が起ころうとも泰然としており、

決して）八つ当たりするようなことなどなく、過ちは二度と繰りかえしませんでした。（しかし……、残念なことに、わたしにとっても、また後世の人々にとっても、大変に）不幸なことに、若くして死んでしまい、今はすでにこの世におりません……。（その後、顔回のように）わたしの教えを忠実に守り、自ら好んで修養を積み、（一を以て十を知るような）すぐれた弟子（後継者）には巡り会っておりません」

　孔子が最も認めていた、いや孔子をも超越した境地を悟り得ていたのは、「怒りを遷さず」の顔回だったのです。

　仁を求めながら、いや、仁を求めていればこそ、「仁に安んず」る境地には至り得ない孔子には、顔回は「羨ましい」存在であったのは間違いないでしょう。

　顔回は一椀の食物、一椀の飲物に満足し、路地裏暮らしを改めようとしない。仁者は、仁に自足しています。

　孔子の言う学問が仁に至る道を意味している以上、ほとんど仁を体現したかのような顔回は、だれよりも「学を好む」者だったのです。

　確かに、すでに煩悩（感情）を取り去った、儒者というよりも禅僧に近い顔回は、思想家たり得ず、論語中の印象も強くはありません。

　一方、弟子の顔回に及ばないと自ら認めた孔子は、孔子自身に常に打ち消そうとする強い煩悩を隠し持っていたから、人類最初の思想家として仁の思想を構築し、後世にまで信奉者を持ったのです。

　苦難を乗り切って仁に至っていく人間くさい孔子と、仁に安んじて自得している飄々とした境地の顔回の対比は、いつの時代においても、後世に歴史を残す成功者と言われる人々が、内に秘めた強い煩悩（欲望や怒り）の持ち主であり、いわゆる成功の理由がその生命の過剰を他のベクトルに向けたからなのは、皮肉とも言えるかもしれません。

　キリストが、「神の姿（モルフェー）」を捨てて、「人の姿（スキーマ）」を取られたことをアガペーといいます。アガペーは、自分の立場を捨てて相手の立場まで謙る(へりくだ)ことです。まさに、これはコミュニケーションを意味します。このように生きることは、隣人に愛され、その人

間関係は祝福されます。一方、人は「人の姿」を捨てて「神の姿」を求めようとします。これが、原罪であり、高慢なのです。人が神のようになるのは幻想であり、そこには破壊と悲劇しかありません。

　誰かがこんなことを言っていたと聞いただけで、それ以上何も確かめることもなく、すぐにその噂を信じ込んでしまう。喜び勇んで他人を非とする。わずかな証拠に基づいて、厳しいさばきを下す、決めつける。こうした自分を正しいとする高慢な心、さばく心こそ、神さまが求める愛に全く反するものである。

　人は他者が善を行い、自分の義務を果たしていることに対してでさえ無慈悲にむき出しの悪意を向けることがある。この世の中は、お互いが妬みから発するこの敵意の対象となっているのです。

　このような不適切な怒りは、何に起因するのでしょうか？　その主たる原因の一つは、高慢です。人は高慢で、自分の心の中で自分を持ち上げて考えるがゆえに、少しでも意に反する（逆らわれた、面倒をかけさせられた）ことがあると、自分の面子がつぶされたと気を荒立たせる。復讐心に燃え、本来ならば美徳であるものも悪徳とみなす。怒った時のことをその理由は忘れても感情は遺残し、常習的な悪意という形で保ち続けるのです。

　もう一つの不適切な怒りの原因は利己心です。人は利己的で自分の利益を求めるがゆえに、自分の利益に反したり、自分の利益と衝突するようなあらゆるものに対して、悪意と復讐心を抱く。自分の利益を阻害された腹立たしさは、無思慮で限度を超えた怒りとして噴出し長く抱き続ける。神の栄光や同胞の幸福とは相いれない醜いものである。

　人の心はたやすく怒りに傾きがちで、生来高慢と利己心に満ちている。さらに、私たちの生きる世界は、この腐敗をかき立てる理不尽な理由だらけである。したがって、絶えず神さまに祈りをしていく以外に解決は望めない。

　具体的に、怒りを発しないように油断せずに祈るだけでなく、高慢と利己心といった怒りの原理と闘い、それが抑制されるように熱心に求め

第3章 「愛の特色」

続ける。神の聖なる愛と謙りの心を、魂の内に確立し、増幅するように鍛錬し続けなければいけないのである。十字架に祈りをささげる。仏教では、毎日御仏壇にお参りし、ろうそくをともしお線香をたく。静かにご先祖と対話すること、毎日は行けなくとも時々はお墓参りし心を鎮めることです。

『怒りっぽい人と交わるな。激しやすい者といっしょに行くな。あなたがそのならわしにならって、自分自身がわなにかかるといけないから』（箴22：24、25）

『怒る者は争いを引き起こし、憤る者は多くのそむきの罪を犯す』（箴29：22）

怒りっぽい人は、社会をかき乱し、混乱に陥れる厭わしい厄介者で、その人と一緒にいるとだれも心安らがず、その行いは邪であり、その行動は神からも人からも非とされる。すべての人は、こうした事をふまえて、怒りっぽい気質を遠ざけ、柔和で親切で愛に満ちた心を養うようにする。これが聖書のいう天国の精神である。

VIII. 人のした悪を思わず。

この箇所をある訳では、「恨みを抱かない」としています。英語では、Do not grudgeです。

即ち、これには、まず個人的な意味があります。それは、愛するとは、自分を不当に扱ったものに対して、決していつまでも恨みを持ち続けることをしないという意味です。

愛するとは、赦すことであり、その罪を忘れることです。現にそれこそが、神さまが、キリストの十字架のゆえに私たちにしてくださったことです。

愛は人の悪を思わない。興味深いことに「思わない」とは、登記しない、登録しない、記録しないという意味でした。愛は人の悪をノートにつけない、記録しないというのです。

考えてみれば、私たちはなんと人の悪や失敗を記録するのに早く、人の美点を思うのに遅いことでしょうか。また、いかに自分のした悪は忘れやすく、人のした悪はこれを忘れぬよう、記録し続けるものでしょうか。

　Kさんという牧師の家族の話です。Kさんの祖父は一夫多妻を実践した人でした。おめかけさんを堂々と家につれて帰り、娘が二人いたのに、家で男の子を産ませたそうです。

　おばあさんは苦しんだ挙句離婚。Kさんの母を連れて田舎に引き揚げました。おばさんは、おじいさんが大好きだったのに、おじいさんのしたことが余りにも恥ずかしく、学校に行けなくなり、やがて病死。生き残ったおばあさんとお母さんの心には、おじいさんとおめかけさんに対する憎しみと恨みだけが残りました。

　何度もふたりで死ぬことを考えたそうですが、死に切れず、憎しみに支えられ、がりがりになって生きていきました。

　近所にクリスチャンの主婦がいて、見るに見かねて、ふたりを家庭集会に誘ってくれました。そこで「汝の敵を愛せよ」というイエス様のことばを聞いた時、腹が立って仕方がなかったそうです。「汝の敵を愛せよ、とは何といういいかげんなことばだろう。キリストという人は、私たちのような人間の苦しみも知らないで、きれいごとだけを教えた人、偽善者であったに違いない」と反感を抱いたのです。

　しかし、ある時、ふたりはイエス・キリストの十字架の出来事を知りました。十字架に磔にされたキリストが、気を失うような苦しみの中で祈られたあのおことば、「父よ、彼らをお赦しください。彼らは何をしているのか、自分でも分らないのです」を知り、この人は自分たちが思っていたようなきれいごとを口にするだけの人ではないことに気がつきました。

　イエス・キリストが、自分たちの罪のために身代わりに神の裁きを受け、十字架に死んで、自分たちを赦し、愛し、愛に生きる者としてくださった救い主である、と信じたというのです。

第3章 「愛の特色」

すると考えられないような奇跡が起こりました。憎しみ、怒りからの解放です。寝ても覚めても、お父さんとおめかけさんに対する憎しみだけで生きてきたのに、その憎しみが心の中から消えてなくなったというのです。愛を持って明日に向かって生きてゆくという救いが、ふたりを変えました。

それからふたりは、近所の人からも羨ましがられるような生活を送るようになったそうです。Kさん親子のように明るく、ユーモラスに、人様のために一生懸命生きられるのだったら、自分たちもその様に生きたいと、言われるそうです。

しかし、イエス・キリストを信じたとたんに、憎しみが全部なくなって、恨みもきれいに消えて、喜びと愛とに満たされ前進した。そんなきれいごとの生活ではありませんでした。

Kさんが中学生の頃、おばあさんが夜中にうなされて、目が覚めることがよくあったそうです。幽霊が出たとしか思えないようなものすごいうなり声でした。10年たっても、20年たっても、おばあさんは夢の中で苦しんでうなされていたそうです。

しかし、次の日の朝、Kさんが目を覚まして、前の夜のおばあちゃんはものすごかったなあ、どんな様子かなあ、と思って台所に下りてゆくと、いつもと変わらないおばあさんが、讃美歌を歌いながらニコニコとねぎを刻んで、味噌汁を作っています。それを見ながら、Kさんは子どもながらに思ったそうです。「イエス・キリストを信じるって、すごいことなんだな」と。

誰しも、思い出せば嫌な気持ちになる過去、思い出せば怒りに駆られる過去、というものをひとつ、ふたつはもっておられることでしょう。そんな中を、私たちは戦って生きてゆくのだと思います。

しかし、イエス・キリストはその様な状況から私たちを解放してくださる。過去に打ち勝つことが出来るように、大きな愛で支えてくださる。これが聖書の救いでした。

「怒りを遅くする者（忍耐）は勇士にまさり、自分の心を治める者（自

制）は、町を攻め取る者にまさる」（箴言16：32）

　私たちは、どうすれば、自分の怒りを収め、人を赦し、愛しあうことが出来るでしょうか。

　ふたつのことを覚えたいと思います。ひとつは、自分のひどい罪の数々が、キリストの十字架によって完全に赦されていることをいつも思い、喜ぶ者となることです。

　心の中の殺人、心の中の盗み、心の中の不品行、心の中で人を裁く高慢な裁判官。私たちは神の前に、何とひどい罪人であることでしょうか。私たちはみな神の怒りを受けてしかるべき者でした。

　しかし、イエス様が罪のすべてを背負って十字架に上ってくださったので、天地万物を創造した神に赦され、愛され、受け入れられた神の子として生きることが出来る。

　二つ目は、すべてを正しく裁くことの出来る神さまを信頼する、ということです。

「キリストは罪を犯したことがなく、その口に何の偽りも見出されませんでした。罵られても、罵り返さず、苦しめられても、おどすことをせず、正しく裁かれる方にお任せになりました」（Ⅰペテロ2：22-23）

　聖書を読むと、地上を歩んだ人の中で、イエス様ほど罵られ、苦しめられ、脅された人はいないと思われます。それなのに一言も罵り返さず、人を辱めず、復讐しなかったその強き生き方は、どこから生まれてきたのでしょうか。

　それは、イエス様がすべてを正しく裁かれる、義なる神さまを知り、信頼していたからでした。私たちもイエス様に倣いたいのです。

　私たちの人生に起こり来るすべてのことを知り、人の思いをすべて知った上で、正しく裁くことの出来る神を知っている幸い、この神さまを心から信頼できる幸いを覚えたいのです。

『成敗は天に任せる』悪への苛立ちと神に任せる選択

　私たちに、神のすばらしい恵みが注がれているなら、私たちは悪に対

してどのように対処すればよいのでしょうか。詩篇37篇はこの質問に答えています。

『悪に焦点を合わせるな』、ということです。悪を行う者に対して腹を立てるな。不正を行う者に対して妬みを起こすな。ああ、なんとこの戒めが必要なことでしょうか！　私たちの周りにある不正を見るときに、私たちはいらだたしくなり、頭に来ます。

キリスト教会とは関係のない、この世の人たちの悪については、神を知らないのだから仕方がないと思いますが、キリストの御名を口にしているところで、この世と変わらないことが起こっているのを見ると、本当にどうしようか、公然と抗議してやろうか、という思いに駆られます。けれども、そうしてはいけないというのがここの戒めです。

彼らは草のようにたちまちしおれ、枯れるのです。これは信仰の立場です。目に見えるところに従えば、そのような人は今も平然としています。何も裁かれているようには見えず、繁栄しているかにも見えます。けれども、悪者が草のように枯れてしまうのが事実です。

詩篇73篇に、神殿で賛美を指揮するアサフによる詩歌があります。彼も同じ悩みを持っていました。悪者が栄えているのを見て、自分はむなしく心を清めているのではないか、と疑うようになりました。

けれども彼は、神の聖所の中に入り、彼らの最後を悟りました。彼らはまたたくまに滅ぼされるという霊的真実です。

私たちは、この肉眼で見れば栄えている人々であっても、信仰によって悪者は滅びるという確信を持っていなければいけません。

では、私たちは悪を見るのではなく、何をすれば良いでしょうか？ダビデは、いくつかの勧めを与えています。

「主に信頼して善を行え」（37：3a）神を信頼することです。そして、集中するのは善を行うことです。

悪者に腹を立てる時間があるなら、神のほうに目を向けて、そして自分がしなければいけないと主から示されていることに集中するのです。ガラテヤ6章9節には、「善を行うのに飽いてはいけません。失望せず

にいれば、時期が来て、刈り取ることになります」とあります。

　ある巨人ファンの友達と野球の話をする機会があります。

　もう30年近く前のことにもかかわらず、飲むと必ず「クロマティーが外野から山なりの返球をしたため、1塁からホームまでランナーが長駆帰塁した。その怠慢プレーでシリーズの流れが変わって巨人が日本一を逃した」と、昨日のことのように話をします。

　「ボストンレッドソックスの岡島は、ノーコンで巨人からパ・リーグに放出されたのに、移籍した大リーグにきて活躍するのは、雰囲気がかわったからなのか」10年以上も前の他人の失敗を延々と言い続けるのは聞いていてもうれしくはありません。

　確かに、失敗からの教訓は重いですが、過去に失敗したという固定観念で現在まで縛られる風潮はまだ根強いものです。

　しかし、更に、「愛は人のした悪を思わず」というこの言葉の英訳を見ると、この言葉のもう一つの意味を味わうことができます。即ち、英語では、It keeps no record of wrongs.です。愛とは、それが自分に対するものであれ、他人に対するものであれ、その人のした悪、している悪について、一々記録をとって、ことあるごとに、「あの人は、こういう人だ」「ああいう人だ」と言うことはしないのです。

　すなわち、極めてラフな言い方ですが、愛は、人のした、あるいは、している悪に対して、ネチネチしていません。さっぱりしているのです。

　これも論語における「君子は人の美を成して、人の悪を成さず」（君子は他人の善事や成功を喜んでそれが成就することを願い、他人が失敗したり悪評を受けたりするのを心配して、援助したり弁解したりする）と、同じ考えです。人の失敗をいつまでもあげつらうのは聞いている周囲も不愉快で、言っている本人自身を貶める(おとし)ことです。

IX. 不正を喜ばずに、真理を喜びます。

　次に、愛は真理を喜ぶ、です。一般的に言って、人は物やお金で喜ぶ、

といわれます。しかし、聖書は、私たち人間の心は物やお金で満たされるほど小さくも、浅くもない、物やお金で満たされるようには造られていないと、教えていました。

「幸せだった」というふうに、幸福は失ってはじめてわかる。あるとき幸福を感じていても幸福感というものは長続きせず凡庸な日常へとすぐ均(なら)されてしまいます。幸福への問いは難儀なものなのです。

幸福というテーマは、西洋の歴史において、19世紀までずっと哲学の核心であった。ところが20世紀も四半世紀過ぎた頃から、不幸論はわずかながらあっても、幸福へのパスポートのようなマニュアル本はあっても、幸福の思想が消えてしまう。世界大戦、アウシュビッツ、スターリン体制下での粛清、ヒロシマ・ナガサキ原爆投下などの"殲滅(せんめつ)"が繰り返され、人間性というものが再起不能なまでのダメージを受けました。

ある銀行の調査によると、物を手に入れることによって人が幸福を感じる期間には限度があるそうです。欲しかった最新のパソコンを手に入れた人の喜びは長く続いて一週間。欲しかった新車を手に入れた人の喜びは平均6か月で終了、欲しかった家を手に入れた人の幸福感は大体1年だそうです。ちなみに、物ではありませんが、結婚した男女が幸せだなあと感じる期間は、長い夫婦で2年でした。

物を持つことで喜びを得ようとしたら、私たちはしょっちゅう新しい物を買うというカンフル剤を打ち続けなければなりません。

人に依存して幸せになろうとしたら、離婚と再婚を繰り返さなければならない。しかし、これは見せかけの幸福でしょう。

それから、「物質主義がもたらす現代の伝染病」というテレビ番組では、このようなことを言っていました。

- 平均的なアメリカ人が買い物に費やす時間は一週間で6時間。一方、子どもと遊ぶ時間は40分である。
- 20歳になるまで、普通の人は100万本のコマーシャルを見た計算になる。
- 最近の大学生は、卒業する人より、自己破産を宣言する人のほうが多

い。
・離婚の主な原因となるのは、その90％がお金の問題である。

　日本人はどうなのか。物質主義という伝染病はこの国にも蔓延していると思われます。しかし、物質的な富は私たちを本当の幸せには導かない、ということです。
「百万長者は笑うことがほとんどない」大富豪カーネギーという人のことばです。
「メカをいじる仕事をしていた時の方が幸せだった」自動車王ヘンリー・フォードのことばです。

　精神科医の香山リカ先生のお話です。1990年代は客観的な幸福と主観的な幸福にズレを感じる人が多く相談に来られたそうです。普通に幸福であるのに、そう思えないということです。2000年代になると、すでに幸福を手に入れて満足しているのですが、これがいつまで続くかと悩んで相談に来られるようになったそうです。それぞれの悩みは普通の幸福があってもいかに大切かを忘れ、このレールはどこまで続くのかという不安から出ています。このような方の心の深層には、誰にも相手にしてもらえない、孤立するのでは、という疑心暗鬼があります。

　孤独はつらいものです。逆に関係が密接になると煩わしくなる場合もあります。この二つの狭間で揺れ動きやすいのが人間です。「孤独による不安」と「関係の煩わしさ」、この両極面が生じるのは、それぞれの場面において愛を感じ取れなくなっているからです。

　では、聖書は何と言っているのでしょうか。本当の幸福は私たちの心が神さまと結びつくことで生まれます。私たちの心が神さまの愛を受け取り、満たされ、真理を喜ぶ時、人として最高に幸せな人生となります。これが聖書のメッセージです。

　昨夜一杯飲んだ時の話題は、何だったでしょうか？　愚痴や噂話ではありませんでしたか。
「愛は不正を喜ばない」
　ここで言われているのは私たちが悪いことをするときの喜びというよ

り、誰かが悪口をいわれている時に、私たちが感じる卑しい喜びです。多くの場合、私たちは人が幸福になった話よりも、不幸に陥った話の方を好む。これは、人間の罪の性質である。泣く者と泣くことは、喜ぶ者と喜ぶよりもはるかに易しい。誰かをけなす下品な話の方が、誰かを褒める話よりもはるかに面白い。

　しかし、キリスト教的な愛は、「他人の不幸や悪い噂話を喜ぶような悪意を持ち合わせてはいけない」のです。

　「他人の不幸は蜜の味」と言います。何故昔からスキャンダルを売り物にする雑誌、週刊誌が売れるのか。同じようなことばかりやっているテレビのワイドショーの類いがどうしてあとをたたないのか。人は他人の不幸を好むからでしょう。政治家の失敗、有名人のスキャンダル、噂話を見たり、聞いたり、それをお互いに話すのが嬉しいから、でしょう。

　2011年愛知県では、ふたつのスポーツが全く対照的な扱いを受けていました。人々に賞賛されているのは落合監督率いる中日ドラゴンズ。8年間でリーグ優勝4回、日本シリーズに5回進出した落合監督と選手たちに対する賞賛の声はいまだ冷めやらず、でした。しかし、ドラゴンズが戦前の予想通り公式戦やクライマックス・シリーズで敗退していたら、こうはいかなかっただろうと思います。

　それに対して、相次ぐ不祥事にゆれる大相撲には逆風が吹いていました。「水に落ちた犬は打て」の言葉どおり、賭博、暴力団との関連や八百長問題に関わった力士や親方、それを監督できなかった理事会は連日袋叩きの有様でした。

　私は一相撲ファンとして、一連の不祥事を残念に思いますし、是非大相撲に復活、再生して欲しいと願っています。しかし、ちょっと嫌な気がするのは、声高に批判をする世間の声です。

　一体いつから、こんなにも国技大相撲を愛し、心配する人が増えたのか。そう思われるほど、多くの人が憤り、悪し様に言い、正義の味方になっています。

　人のスキャンダルを心の中で喜ぶ。人の不幸をねたにして、自分は正

義の味方になる。いい気分を味わう。そんな人間の卑しい性質が透けて見えるような気がします。

　イエス様にはこういう性質が全くありませんでした。

　ある日のエルサレムの神殿。姦淫の現場で捕らえられたという女性が、広場に連れ出されました。おそらく、あられもない格好で、これ以上はないという恥を人々の前にさらすこととなったのです。

　女を連れ出したのは、ユダヤ教の律法学者、エリートでした。彼らは恥ずかしさで体を震わせる女を前に置き、「さあ、キリストよ。モーセは律法の中で、こういう女を石打ちにするように命じているが、あなたは何とするか」と迫ったのです。

　しかし、彼らが考えていたのは哀れな女性のこと等ではなく、イエス様のことば尻を捕らえて、あわよくば裁判に訴え、その名声、評判を地に叩き落すことでした。

　物見高い人々が集まり、好奇の目を向ける中、イエス様はただ一人女をあわれみ、「婦人よ」と優しく声をかけられました。彼女を罪の悔い改めに導き、救いをもたらしたのです。ヨハネの福音書第8章に記された有名な姦淫の女の物語です。

　罪を犯した人をも見下げることをしない。決して侮辱などしない。むしろ、心からあわれみ、対等なひとりの人間として声をかけ、愛する。その魂のために最善を尽くす。

　人の罪、過ち、不幸、不運を喜ぶ性質を内に宿す私たち。そんな私たちがいつでも倣うべきお方がここにいる、このイエス様が私たちの心の中で生きておられる、そのことを覚えておきたいのです。

　私たちは、愛のゆえに、罪人、罪を犯した人、悪人、悪を行っている人を赦す。しかし、神は罪そのものを許す、許容することはない。これが、人間的な愛と神の愛との違いです。

　人間の愛は、愛という名の下に、罪をいい加減にする。正義をも犠牲にする。曲げる。だから、当座は良いかも知れません。しかし、必ず、誰かがそれによって、迷惑をこうむります。罪を野放図に放っておくこ

とになるからです。

　しかし、キリスト教の神の愛は違います。それは厳しさを持つ愛、正と聖（正義と純潔）に裏付けられた愛です。それが、十字架です。十字架は、神の愛の象徴であるし、また、同時に、それは、神の正義の象徴でもあります。神は、愛であるから、人を赦したい。人間的な愛なら、「いいよ、いいよ」で赦してしまうと言うか、終わってしまいます。

　そして、それがゆえにわがままで、スポイルされた子どもや、大人が世の中に輩出されます。

　しかし、神の愛は、それをただそのまま赦すことはできません。なぜなら、神の愛は、聖なる愛、義なる愛だからです。それは、人の罪を赦すためには、御子の命という代償をも求める聖なる愛なのです。

　人を愛して、罪を憎む人になりたい。また、人の悪口を語る人々の中にはいたたまれない人になりたい。もし、あなたの母親が、子どもが、その言われている悪口の対象であったら、そこにいられるだろうか？いられないのは愛しているからです。愛は、それに耐えられないのです。

　それでは、キリスト教における愛が喜ぶ真理とは何なのでしょうか。三つのことを考えたいと思います。

　第一に、それは愛の行いです。

　人を助け、人を慰め、人に仕えること、コリント人への手紙13章のことばで言えば、寛容と親切でしょうか。愛は、これらを行いたいと願い、取り組む（実践する）ことを喜びとするのです。

　初代教会の中にマケドニア教会という教会がありました。マケドニアはギリシャの町、この教会は貧しさ、それもひどい貧しさのゆえに知られていました。しかし、彼らは自らの富をささげ、困難な他の教会を助ける喜びを知っていたのです。

　「苦しみゆえの激しい試練の中にあっても、彼らの満ち溢れる喜びは、その極度の貧しさにもかかわらず、あふれ出て、その惜しみなく施す富となったのです」（コリントⅡ8：2）

　他の人に自分の富を与えることは、聖書において金持ちの贅沢ではあ

りません。貧しい人の特権です。貧しさの中にあったマケドニアのクリスチャン達はささげることに、最高の喜びを見出していました。その姿は使徒パウロの心を打ったように、私たちの心も打たないでしょうか。

フィリピンの首都マニラの郊外に広がるスラム街に、新しい、けれども中には講壇と十字架以外何もない教会がありました。

日曜日の礼拝の日、ひとりの農夫が——彼は一般的に言えば金持ちではなく、むしろ貧しい人でしたが、その教会では一番豊かな人でした——お米と果物それに野菜を山と積んで、神さまにささげたのです。それは農夫の家族の一か月分の食料でした。

礼拝のあと、人々はそれを食べ、残りを分け合っていました。みなもご馳走になりました。「このような犠牲を払うことが出来て、私は幸いです」見せかけではなく、本当にそう感じて話してくれたその姿に、ささげることに喜びを覚える信仰が、愛が果たして自分にあっただろうか、と人々を悔い改めさせたのです。

第二に、愛が喜ぶのは御ことば（聖書）です。

「私は、あなたの御おしえを喜んでいます。苦しみにあったことは、私にとって幸せでした。私はそれであなたのおきてを学びました。あなたの御口の教えは、私にとって幾千の金銀にもまさるものです」（詩篇119：70b～72)

イエス・キリストの十字架を知らなかった旧約聖書の信仰者、キリストの十字架に現れた神さまの無限の愛を知らなかった旧約の詩人の心に、これほどまで神の御ことばを喜び、愛する思いがあったことに驚かされます。

特に、「苦しみの中で学びえた神さまのおきて、御ことばの真理は、私にとって幾千の金銀にもまさる」、という告白はどうでしょう。地上の宝にしがみつき、手を離そうとしない私たちの性根を断ち切る力に満ちているでしょう。

神の御ことばを学ぶ喜び、思い巡らす喜び、口にする喜び、従う喜び。この世の物や富によっては得られない、そうした霊の喜びを味わいつつ、

生涯を歩む者となることなのです。
　第三に、愛はイエス・キリストご自身を喜びとする、ということです。
　ウェストミンスター信仰規準は、日本キリスト改革派教会の憲法であり、信仰規準です。この第一章で述べられていることは、
「人生の究極的な目的は、神の栄光を表わし、永遠に神を喜ぶこと」です。
　この第一項、「神を喜ぶ」とは何のことでしょうか。「神と共に生きるこのわたしの人生を喜ぶこと」であると理解してよいのでしょうか。
　私たちは、自分の「人生」を喜んでよいのでしょうか。それとも、喜んでよいのは「神」だけでしょうか。「人生」を喜んではならないのでしょうか。
　コヘレトは次のように語っています。
「わたしは知った。人間にとって最も幸福なのは、喜び楽しんで一生を送ることだ」（コヘレトの言葉3・12〜13）と。
「人はだれもが飲み食いし、その労苦によって満足するのは神の賜物だ」と。
　神の御ことばを語る伝道者であり、説教者であるコヘレトが非常にストレートに語っていることは、「私たち人間にとって最も幸福なことは、喜びの人生を送ることである」ということです。この場合の「喜びの人生」の意味は何か。
　それは、すなわち、私たち人間が飲んだり食べたりすることそれ自体であり、また、その労苦によって満足することそれ自体である、というわけです。
　しかも、この場合の「満足する」の意味は、そのような気持ちになるとか、そのような気分を味わう、というだけではありません。飲んだり食べたりするために労苦する、というわけですから、そのためにお金を稼ぐという行為それ自体も、当然含まれてくるわけです。
　心理的・精神的、そして宗教的・信仰的な「満足」というだけではなく、物質的・金銭的・実際的な意味での「満足」ということがここで語

られています。

　ですから、ごく分かりやすく言い切ってしまうなら、私たちが一生懸命仕事をして、お金を稼ぎ、おいしいものを飲んだり食べたりして満足する、というまさに人間の喜び、「人間的な喜び」ということが、ここで語られている、と読むことができます。それが人間にとっての「最大の幸福である」と語られているのです。

「この人生を大いに楽しんでよい」と、キリスト改革派教会の憲法の第一章で述べられているのです。

　私たちはこの世界を楽しむために創造されたのであり、そのような者として生まれてきたのであり、そのような者として現に存在しているのです。憂うつな人生は、神を信じて生きる者たちにふさわしくないのです。

　地上のものを照らす太陽、きれいな空気、山や川、小鳥や花、日々の糧、仕事、健康、家族、友や信仰の仲間。私たちは多くの賜物、贈り物をキリストに与えられています。神さまの膨大な恵みに取り囲まれて生活し、生かされているでしょう。しかし、ともすると、私たちの心の目は、その贈り物や恵みの数々にとどまって、キリストご自身まで届かないのではないでしょうか。

　田舎のお母さんが送ってくれた荷物を手にした学生が、中にあったセーターに袖を通すと、あとはもう心を込めてセーターを編んでくれたお母さんのことを忘れてしまうように、私たちもキリストの贈り物を手にして、肝心のキリストを忘れている、そんなことはなかったでしょうか。

　賜物よりも賜い手であるキリストを喜ぶ心、贈り物よりも贈り手、恵みよりも恵み手なるイエス様を仰ぎ、愛する心を、私たちは恵まれたく思います。

　この３つのキリスト教における愛が喜ぶ真理――愛の行いをなすことを喜び、神の御ことばを喜び、イエス・キリストを喜び――とする人生が、人として最高に幸せな人生であると、信じておられるでしょうか。イエ

第3章 「愛の特色」

ス・キリストとともに歩むこと、イエス様が地上を歩まれたように自分も歩むことが、人生における最大の願いとなっているでしょうか。

目に見えない神さまに希望をもつことは、毅然とした潔さ（信仰）がなくてはできることでありません。

「それで、何事でも、自分にしてもらいたいことは、ほかの人にもそのようにしなさい」（マタイ7：12）

「あなたがたの遭った試練で、世の常でないものはない。神は真実な方である。

あなたがたを耐えられないような試練に遭わせることはないばかりか、試練と同時に、それに耐えられるように、逃れる道も備えてくださるのである」（コリント人第1の手紙10：13）

試練というのは神さまに試され訓練されること。私たちを愛してくださっているので訓練して成長させてくださいます。つらく苦しいことかもしれません。逃げたくなるようなことかもしれません。でも神さまはひとりひとりのことを全てご存知で、これ以上耐えられないような我慢できないような試練には遭わせられません。

逃れる道というのは、助けていただける道です。我慢できずにどうしようもないときには、そこから助けて下さる道も必ず神さまは準備していてくださるのです。

ケンタッキー・フライドチキンのカーネル・サンダースさんを知っていますか？

小さいときお父さんを亡くしたカーネルさんはお母さんの言うことをよく聞いていました。

成長し憧れの蒸気機関車の機関士になり楽しく働いていました。小さい時から教会に通い酒もタバコも一生口にすることがなかったカーネルさんは、積極的に働き、病気や怪我をした人たちが手当てを受けられるように会社とよく話し合いもしていました。

ところが、会社にとってはそれが迷惑で、カーネルさんは辞めさせられてしまいました。

その後カーネルさんはガソリンスタンドの経営を始めました。その経営方針はキリストの黄金律「自分がして欲しいと思うことを他人にもしてあげなさい」というものでした。

　旅行中の人がお腹を減らしてガソリンスタンドにやってくるのを見て「車にガソリンが必要なように、お客さんにも美味しい食事が必要だ」と考えました。

　そしてテーブルと椅子を置きフライドチキン、ハム、まめ、ビスケットなどを用意しました。その中でフライドチキンの美味しさが評判になったので、カーネルさんはガソリンスタンドはやめて、レストランを建てました。

　だれも考えつかなかった特別な味付けと作り方でお店はいつもお客さんでいっぱいでした。

　ところが、お店が火事になり全部燃えてしまったり、また新しく建て直しましたが、高速道路が出来たことで、お店の前を通るお客さんが大きく減り、とうとうカーネルさんはお店をやめてお金もなくなってしまいました。その時65歳でした。

　でもカーネルさんはイエス様と共にいたので大丈夫でした。「神さま。どうか私のフライドチキンのアイデアを成功に導いて下さい。そうしたら、あなたの分を渡します」とお祈りしました。そして車で1軒1軒のレストランに、ケンタッキーフライドチキンの作り方を宣伝して回り、今は世界中に4千ものケンタッキーフライドチキンのお店が出来ました。

　カーネルさんはいつも神さまに従うことを忘れずにいたので、神さまが味方してくださり仕事が発展しました。カーネルさんは少しでもお金に余裕ができると、慈善活動を行い、孤児院の子ども達に毎日アイスクリームを作ったり、体が不自由な人のための基金を作ったりしました。

　どんな苦難にあっても神さまのことを忘れずに、祈りながら乗り越えていきましょう。なにをするにも神さまが味方してくださらないやり方では、うまくいきません。正しい目標をたてて良い人となり、良い業を行いましょう。イエスさまが守ってくださるので、必ずみなさんにもで

きます。

「アーメン」とは真実を意味します。

アーメンは、キリスト教徒が祈禱や讃美歌などで唱える言葉、「まことに、ほんとうに」という意味のヘブライ語amenに由来します。

確かに、危急の時に信仰を求める人がいます。あるいは人生の晩年に求める人もいます。現役バリバリでやっている人はなかなか神さまを求めようとしない現実もあります。

また、「弱い人が信仰を持つのだ」と批判的に言う人がいます。「弱虫が信仰にすがる」という人に対して「アーメン」(真実)と言いましょう。本当に強い人は別に自分は強いんだ！　と威張る必要はないし、他人を弱いなどと蔑むことはありません。実は、強いと思っている人こそ虚勢を張って生きていかなければいけない本当は弱い存在なのです。「本当は人間は強い」のと「本当は人間は弱い」ではどちらかというと、人間が必ず死ぬということが「本当は人間は弱い」という真実を表しているのです。

「正しい者には悩みが多い」(詩篇34：19)

「正しい者」とは、正直で真面目な人のことではありません。19節「心の打ち砕かれた、魂の砕かれた人」とある。神の前に自分の罪深さを知り、自分の努力ではなく、神とともにこの世界を生きる人です。

「だれが、キリストの愛からわたしたちを引き離すことができましょう。艱難か。苦しみか。飢えか。迫害か。裸か。危険か。剣か」(ローマの信徒への手紙8：35-36)

パウロに何があったのでしょうか。艱難とは、外部から襲いかかって来る苦しみで、苦しみとは、不安や恐れなど内側から湧き上がってくる苦しみです。迫害とは、信仰のために受ける全ての困難や艱難を指します。イエス・キリストの福音を宣べ伝えるという使命を果たしていく中で彼は何を経験したか、というと、多くの喜ばしい働きの実りとともに、

非難、中傷、妨害、裏切り、分裂、投獄、鞭打ち、船の難破など、際限のない危険でした。裸は迫害による衣服の欠乏です。剣とは、殉教の死を意味します。

このことは、全てパウロが経験してきたことです。しかし、これらの出来事を通してもなお、キリストの愛がパウロの全身を覆っていたのです。

「それはパウロが凄い人だからでしょうか？」

「いいえ、違います」

パウロは何の力みもないし、努力や頑張りでキリストの愛にしがみついていたわけでもありません。パウロはイエス様に頼み、イエス様の命に身を任せていたのです。だから彼はどんな攻撃があっても、そのまっただ中で主の愛を体験し、さらに深く主イエス様の愛の中に入り、そこで安らぎ憩うことができたのです。

今、試練の中にある方もおられるかもしれません。しかし、そのまっただ中でイエス様は私たちを愛していてくださいます。私たちは頑張って主の愛にしがみつくのではなく、主の優しい御手の中に身を任せ、そこで憩うのです。主こそ、我が隠れ家、我が盾です。

「徳不孤　必有隣」（論語）（徳孤ならず、かならず隣あり）

「徳＝有徳者」は孤立しない。必ず「隣＝周囲」が出来る。大きなところでは、明治維新の徳川封建制度や昭和の軍事政権が崩壊するとき、どれほどの血が流れたでしょう。小さなところでも、みなさんの周りで、理不尽な因習やくだらない習慣を変えるのに、どれほど苦労しなければならないでしょうか。"正しいこと"をするほうが、勇気がいるのです。しかし、ちゃんとした行いをすれば、必ず仲間ができると孔子が言われています。

「わたしたちは、あなたのために一日中死にさらされ、屠(ほふ)られる羊のように見られている」イエスは弟子たちに、「あなたがたは、世にあっては艱難があります」（ヨハネ16：33）と仰せになりました。

キリスト教の「許し」とは「前に進む」ことであり、信仰を深いレベ

第3章　「愛の特色」

ルに進むことにほかなりません。決して、人生がばら色になることではありません。しかし、正しい行いをすれば、孤立することはなく、必ず真の仲間ができる。勇気を振りしぼって、強く、生きていきたいと思います。

X. すべてを信じ、すべてを期待する。

　私たち夫婦は小学生の女の子１人と幼稚園児の男の子１人の両親ですが、私も家内も、これまで親として、「子どもが、自分に、『自信』を持てるように育てなさい」というようなアドバイスをどのくらい頂いたか分かりません。

　勿論、そのアドバイスは正しいと信じています。自分に自信が持てたとき人は伸びるからです。

　しかし、どのようにして子どもに自信を持たせるのか？　自信はどこから生まれるのか？　性格にもよりますが、有能な子で、生まれながらにして自信たっぷりの子もいます。そこまでは行かなくても、ちょっとした努力で、普通に何となくほどほどの自信を持てる子もいます。

　しかし、一方には、どんなに努力しても、自信を持つには程遠い結果しか生み出せない子もいます。何をしてもうまく行かない、自信をなくすような失敗だらけの子もいます。そんな子はどうしたら自信を持てるというのでしょうか？

　人にも信頼されない、期待もされない。自分でも自分に対して期待も信用も感じていない。

　そんな子にも、自信を与えることができる唯一の道があります。それは、その子を愛してやまない親の、愛ゆえのその子に対する信頼と期待です。

　愛するとは、あらゆる人が、「あの人は駄目だ」というレッテルを貼って、その人を見捨てたときも、その人に期待し、信じ続けることです。

　バークレーは、生徒の暴力、学校側の暴政のゆえに荒廃したある学校

に新たに赴任した校長が、徹底的に生徒を信じたときに奇跡が起こった出来事を紹介しています。

彼は、信じても信じても、態度を変えず、相変わらず乱暴し、嘘をつき続ける生徒たちを信じ続け、こう言い続けました。「よろしい。君たちがそう言うなら、きっとその通りに違いない。君たちのことばを信じよう」と。

やがて、生徒たちがこう言うようになりました。「校長に嘘をついたら悪いよ。ぼくたちのことをいつも信じてくれるんだから」と。

私たちの知っている愛の中で、一番強いのは母の愛でしょう。いろいろなことが、夫婦を別れさせます。父は子に背を向け、兄弟姉妹は敵同士になることがあります。夫は妻を捨て、妻は夫を捨てることがあります。けれども母の愛は、すべてに打ち勝つのです。良い噂にも、悪い噂にも、たとえ世間の裁きに直面しても、母の愛は、変わらずに子どもに向けられるのです。

赤ん坊の時の笑顔、子どもの時の笑い声、また頼もしかった青年時代を思い起こして、たとえ今どんなに子どもが悪かろうと、決して取り柄のない者とは思わないのです。母の愛は死よりも強し。死も、母の愛を消すことができないのです。

病気の子を看病する母親を、あなたは見たことがあるでしょう。たとえ自分が病気になっても、もし子どもの命を助けることができるなら、喜んでそうしようとさえするのです。何週間も寝ずに看病をして、子どもの世話を、決して人にまかせたりしないのです。

ニューヨークに非常に性根の悪い父親がいて、母親は、息子が父の悪に染まらないように細心の注意を払っていました。

しかし父親の感化力はそれにもまして大きく、その子をいろいろの罪に誘い、ついに最も凶悪な犯罪に走らせてしまいました。彼は人を殺したのです。彼は裁判にかけられました。裁判の開かれている間、すでに未亡人になっていた母は、ずっとそこにいました。証人が不利な証言をすると、その子より、母の方が痛みを感じていたようです。

第3章「愛の特色」

彼に対する有罪が決定し死刑の宣告が下されたとき、人々はその宣告に満足しました。けれども母の愛はたじろがず、赦しを懇願しました。それは受け入れられませんでした。ついに刑が執行され、その後母は、遺体の下げ渡しを願いました。それも許されず、遺体は習慣にしたがって、監獄の庭に葬られました。しばらくして母は亡くなりました。
　しかし彼女は臨終の時、自分が息子のかたわらに葬られることを願いました。こうして彼女は、自分が殺人犯の母と知られることをも恥じなかったのです。
　長谷川穂積は2011年2月にWBC世界フェザー級王者になって、これでバンタム・フェザーの日本人初の飛び級王者になりました。しかもバンタムで10度も王座を防衛して、その後、飛び級フェザー王者なんだからすごいことです。
　戦い方もすごかった。ポイントで圧倒的にリードしているのに最終ラウンド、適当に軽く流して終わらせればいいのに、足を止めて打ち合った。そして勝った。肝っ玉が据わっている。
　しかも1か月前に長谷川のお母さんが亡くなった。看病しながらトレーニングをしていた。その最愛の母の死。わずか1か月後のフェザー級王者決定戦で勝った。どこまですごいチャンプなんだろう。
　そのお母さんもすごい。ガンと闘って最後の日記に「穂積にチャンスを……。どんな痛みにも我慢しますから……」と書いてあった。まるでドラマのようだ。ホント立派なお母さんです。
　長谷川の強さの秘密は、実はこの親子の深い絆にあるのではないでしょうか。
　今の時代、肉親の絆が薄れつつあります。親が死んでも子どもがその遺骨を引き取りに来ない、そんな時代ですが、その中でスポーツの世界はこの親子の絆が強いようです。父や母の支えで大成した選手は多いのです。
　自分の肉体で戦うスポーツの世界は、理屈を越えた親子の深い絆がないと勝ちあがれないような気がします。戦いの最後の最後は、自分は愛

されているという強い愛が、どんな状態になっても戦わせるのではないでしょうか。

　親子の絆は、諦めない愛、誰も信じないときでも信じ続ける盲目的な愛なのです。

　大平光代さんの『だから、あなたも生きぬいて』（講談社）[注13]を読んだとき、誰もが涙があふれてとまらなかったことでしょう。
「いじめによる自殺未遂」、「非行」、「極道の妻」と人生のどん底を体験してきた大平光代さんは、養父・浩三郎さんに出会って、立ち直り、「猛勉強」の末に、宅建・司法書士・司法の３つの試験に合格しました。どん底から立ち直るには、その子を愛してやまない親の愛がありました。

　大平さんは、中学２年でいじめを受け、学校に行けなくなった。中学２年の始業式の日、割腹自殺を図りました。一命を取りとめましたが、みんなから死に損ないと言われました。

　これから頑張っていこうと思っていた時、そう言われるのが一番辛かった。こんなことを言うやつが人間かと思い非行に走るようになった。理容学校を受験して合格した。しかし、担任には、おめでとうの一言も言われず、見捨てられたという思いが込み上げた。

　そこから、心を閉ざすようになり、行き着いた場所は、暴力団。16歳という若さで組長の妻となった。一筋縄ではいかない世界で、毎日、嫌味を言われた。

　そこでも大平さんは居場所が無くなり、この人たちと同じことをしようと刺青を入れようとした。親の承諾がいると言われ、判を押してもらうため家に行ったが、父親は黙り、母親は放心状態だった。その時「なぜ叱ってくれないのか。私はどうでもいいのか」と思い、座っている父を蹴ってしまった。血だらけの父をこれでもかというほど蹴った。そして、自分で判を押して家を飛び出した。

　その後大平さんは22歳で離婚し、大阪のクラブでホステスとして働いていた。北新地の売れっ子の地位を守るために、たくさんのお酒を飲み、体調を崩した。そして、大平のおっちゃんと呼んでいる養父・浩三郎さ

んに運命的な再会を果たした。

　蟻地獄に自ら落ちた彼女の目の前に、一本のロープが投げ込まれた。彼女は、それをしっかりとつかんだ。こんな生活はやめて昼間働けと言われた。

　しかし、最初は急に降って湧いたような人間の言うことを聞けなかった。おっちゃんに、もう一度中学のころに戻りたいと言ったら「きっとあんただけが悪かったんじゃない。でも、いつまでも立ち直れないのはあんたが悪い」と言われた。その言葉はうれしく、過去の全てを断ち切ろうと思った。

　大平さんが、おっちゃんに立ち直るよう説得されているシーンです。「今さら（大平さん22歳）立ち直れったって、なにを寝言ゆうてんねん。そんなに立ち直れってゆうんやったら、私を中学生の頃に戻してくれ」と彼女は言ってしまった。

　それを聞いていつも温和な大平のおっちゃんは、「確かに、あんたが道を踏み外したのは、あんただけのせいやないと思う。親も周囲も悪かったやろう。でもな、いつまでも立ち直ろうとしないのは、あんたのせいやで、甘えるな！」と、他のお客さんが、カップを落としそうになるぐらいの迫力で、初めて大声をあげた。

　落雷にあったように体中に電気が走った。彼女はこのとき、「やっと、私と真剣に向き合ってくれる人と会えた……」、生まれて初めて叱られたような気がした。そして、「道を踏み外したのは、あんただけのせいやないと思う」という言葉が頭の中をこだました。

　そのとき初めておっちゃんの心に気がついた。

「おっちゃんは、本気で心配してくれてるんや……私を人間としてあつかってくれてるんや……」

　うれしくて体が震えた。そして泣き崩れた。

　彼女がこのようになった理由を、誰かにわかってもらいたかった。全部わかってくれなくてもいい。ほんの少しでもいい、私の心に寄り添ってくれる人がほしかった……。

さらに、大平さんの軌跡は単なる「波瀾万丈記」ではなく、いじめ体験など子どもたちが直面するであろう問題に対して、具体的な対処法を伝えています。
　大平さんは、中学生のときにいじめられたということが、どうしても忘れられなかった。そのことを全部、おっちゃんに話した。
「今でも恨んでるよ。いじめられたときのことだけは絶対に忘れられへん」。
　すると、おっちゃんは、「だったら、復讐をしたらええやんか、でもその方法を誤ったらあかん。もし相手に危害を加えたり、陥れたりする方法で復讐したら、傷つけてしまった相手は二度と元に戻れへんし、自分自身にも跳ね返ってくる。それよりも、最大の復讐は、自分が立ち直ることや。そして、なにか資格を身につけなさい。例えば、もし憎い相手が簿記の３級の資格を持っているなら自分は２級を取りなさい。相手が２級なら自分は１級。そうすると相手を追い越したことになって気持ちもすっとするやろうし、自分のためにもなる。これも立派な復讐とちがうか」と言ってくれた。
　おっちゃんは、なにも復讐をせよと言いたかったのではなく、大平さんになんとかやる気を起こさせようと思い、そのように言ってくれたのである。
「よ〜し、資格を取る！」大平さんは、これまで他人の責任にばかりしていた自分を恥じて、これまで恨みつらみに向けていた全エネルギーを、資格取得のために向けることに決めました。
　それからの大平さんは、今までの人生を取り返すかのように、勉強を始めました。このままではいけないという危機感が、強く試験勉強に向かわせました。
　大平さんにとっては、暴力団の世界にいたときはどん底でしたが、本当は、中学校の頃のほうが辛かった。中学くらいだと、友達がどんなことがあっても、裏切らない親友になってくれることを期待するのかもしれない。それで、期待を裏切られると、「絶対、許さない！　恨んでや

る！」となってしまう。

　裏切った友達は、好きで裏切ったのではなかった。裏切らないと、次にいじめの対象が自分に回ってくるという保身から、間違っていると分かっていながらいじめに加担した。しかたなかった。「お前なんか、死んでしまえ！　不幸になってしまえ！」と、呪いの言葉を吐いていると、裏切り者より、自分のほうが不幸になる。

　大平さんを救ったのは、落ちぶれた大平さんと真剣に向き合い本気で心配し、人間としてあつかってくれるサポーターの存在でした。養父となった大平のおっちゃんです。

　実は後からわかるのですが、彼女の実の父親が、大平のおっちゃんに頭を下げていました。父親は末期のがんと闘っていました。大平のおっちゃんに、自分の娘として育ててほしいと、"遺言"を託しました。ぎりぎりの状況におかれた人の、命がけの言葉が、おっちゃんを動かし光代さんを蘇らせたのです。

　司法書士の試験に合格した大平さんは、両親に謝りに行きました。「本当にごめんなさい」と言うと、父は「もうええよ」と泣きました。母も「よう頑張ったな。辛かったやろ」と号泣しました。

　刺青の承諾を得るため家に行った時、父親は押し黙り、母親は放心状態でした。その時、両親が叱らなかったのはまた、自殺するのではないかと考えてのことだったことを知りました。

　両親の心が見えなかった自分自身を後悔しました。

　司法試験を受けるため、近畿大学の通信教育部にも合格したころ、父親の体が、がんであることが分かり、余命もどれだけか分からないと医者から告げられました。その時は、目の前が真っ暗になり、がんになったのは自分のせいだと自分を責めました。何とか父が死ぬ前に、司法試験に合格したいと頑張りました。

　その後、司法試験に合格し、大平さんの父は、それから４年半生きました。弁護士になった姿も見せられました。父も母も本当に喜んでくれ、写真も作ってくれました。胸元のバッヂを何度もなぞりながら本当に良

かったと。

　これで親孝行ができたかなと思いましたが、それはまねごとでしかなったのです。

　父親が亡くなる前、がんは全身に転移していました。「お父ちゃんはええお母ちゃんと、ええ娘を持って幸せやった。本当にありがとう」これが父の最期の言葉でした。ええ娘だと言われるような娘ではなかったのに。

「今、たった一つ願いが叶うのなら、もう一回、中学に戻してほしい。いじめられても自殺未遂して苦しい思いをしても、曲がることはなかったと思います。

　親に心配をかけないことが本当の親孝行である。この手が母を殴り、この足が父を蹴ったと思うと情けなくなった」大平さんはこう振り返ります。

　大平さんは、このような波瀾万丈の人生を歩めと言っているのでは決してありません。「私が十代だったころのような苦労は絶対にしてはいけない。こうやって弁護士になれたのも運が良かっただけ。非行に走って未だに立ち直れない人もいる。どうか、苦しさをバネに前向きに頑張って、子どもたちには幸せになることを祈っている」とエールを送っているのです。

　どんなに立派に成長した人でも必ず一度は道を外してしまいそうになることがあります。そんな時、地獄から助け出してくれるのは、その子を愛してやまない親の、愛ゆえのその子に対する信頼と期待です。

　愛は、あらゆる人が、「あの人は駄目だ」というレッテルを貼って、その人を見捨てたときも、その人に期待し、信じ続ける。愛は、絶対に諦めない。愛するがゆえに諦められないのです。理性的に、感情的に、常識的に、信じられないときでも、信じ続けるのです。なぜか？　それは愛しているからです。

　人は、その信じてくれる愛を感じるとき、期待してくれている愛を感じるときに変わるのです。

聖書はさらに神の愛はこのような母の愛に優るという。イザヤ書49：15-16に、「女が自分の乳飲み子を忘れようか。自分の胎(はら)の子をあわれまないだろうか。たとえ女たちが忘れても、このわたし(神)はあなたを忘れない。見よ。わたしは手のひらに、あなたを刻んだ」

母の愛をもって、神の愛の広さ、深さを測ることはできません。この世の母親で、神が私たちを愛されたように愛した者は、だれもいません。

十字架上で死なれる御子を自ら世に下された、父なる神の愛を、自分が親として考えた時、「親が子どものために死ぬより、自分の子どもを人々のために与えることのほうが、もっと大きな愛を必要とする」ことに気づくのは容易なことではありません。

自分の子を世に与える(神につかわす)ことは、母の愛を超える。「神は、じつにそのひとり子をお与えになったほどに、世を愛された。それは御子を信じる者が、ひとりとして滅びることなく、永遠のいのちを持つためである」(ヨハ3：16)。

「神はご自分の御子を、世にお与えになったほどに、世を愛された」という御ことばの深さを、だれが知り得るでしょうか。私たちに神の愛の高さ、深さを完全に計り知ることは、決してできないでしょう。

パウロは、神の愛の高さ、深さ、長さ、広さを知り得るよう、祈っています。けれども神の愛はあまりに大きく、私たちの知り得る範囲を越えています。神の愛は、計り知れないのです。

第4章

「愛の中で成長する」

「微笑を交わしなさい。妻に微笑みかけなさい。夫に微笑みかけなさい。子どもたちに微笑みかけなさい。お互いに微笑を交わしなさい。相手は誰でもいいのです。そうすればあなたは、もっと大きな愛のなかで成長することができるでしょう」（マザー・テレサ）

「私は、子どもが育つには『四本の柱』が必要だと思っています。それは、眠ること、きちんと食べること、ちゃんと遊ぶこと、そして愛されていること。しかも、親が愛していると思っているだけではなくて、子ども自身が愛されていることを実感していること」（内海裕美[注14]）

　イエス・キリストも、神と人とに愛されて成長なさった。（ルカ2：52）

　キリストを裏切ったペテロもまた、神の愛に包まれ、それを実感しながら、キリストからの「成長」へのチャレンジを受け止めたことを学びました。

　では、キリストを十字架に架けたペテロは、神の人として「成長」するために、「神の愛」をどのように実感したのでしょうか？

　まず第一に、ペテロは、キリストの愛を、キリストが、自分たちの肉体的、物質的な必要を、豊かに満たして下さることの中にイヤと言うほどに実感した（ヨハネの21章前半）。

　キリストが十字架に架かるという最重要時に、キリストを裏切り、甦られたキリストにお会いしたものの、信仰的にもう一つ元気が出てこな

いまま、食べるものがなくなり、昔取った杵柄と、再び漁に出て、魚を取って生活を支えようとしますが、一晩中の努力にもかかわらず何も得られない。

失望の中に夜明けを迎えようとしていたそのとき、キリストが現れ、彼らは網を引き上げることができないほどの大漁を経験しました。おまけに、陸に上がると、今捕った魚とは別に、すでに、キリストの準備された朝食がそこに並んでいたのです。

私たちは、自分の失敗や罪のゆえであれ、あるいは、様々な試練のゆえであれ、しばしば信仰が弱ると、神さまは本当に自分と一緒にいて、自分を愛し、自分の物質的な必要を満たしてくださるのかと、確信や信仰が持てなくなり、そのために信仰をもって積極的に祈ることもできなくなったり、曖昧になったりします。

しかし、そんな私たちのためにも、肉体的、物質的な必要が、「やっぱりイエス様だな」と分かるような形で、満たされていくのを見るとき、本当に、励まされ、こんな者をも愛していて下さるというキリストの愛を実感することができます。

旧約聖書において、最も大切な言葉は恐らく「ヘセッド」でしょう。

それは、一般的には「愛」とか「恵み」と訳されていますが、もう少し、旧約聖書の神学的な意味を込めると「契約の愛」と訳すべきであるとも言われます。

神さまは、私たちと結ばれた「契約」を忠実に守ることにおいてその愛を表されるのです。即ち、私たちの肉体的・物質的・経済的・地上的な必要が満たされることを通して、わたしたちは、神さまの愛を実感するのです。

人は多くの過ちを犯し、迷惑をかけ、厳しい現実があってもなお生きることができます。そこに神の愛を実感せずにおれないのです。

こんな不忠実な私たちにも、即ち、神の寵愛を受けるに値しない者にも、自分のように何の力や能力の無い者にも、神さまは、何と忠実にヘセッドの愛、契約の愛をもって、その必要を満たしてきてくださったこ

とか。

　毎日毎日食べることにおいても、子育てにおいても、住居問題においても、更には、そのような基本的生活や必要だけでなく、もっとゆとりのある生活のためにヴァケーションを楽しむことにおいても、突然の病気や事故での入院や、様々な思わぬ出費への対応においても、奇跡と言ってよいほどの奇しき御業によって満たし続けてくださった。そのことを思えば思うほど、神さまの計り知ることのできない愛を感じることを禁じえません。

　ペテロも同じであったと思います。キリストがして下さったとしか言いようのない、あの大漁の真っ只中で、また、目の前にキリストが並べてくださったおいしそうな朝食を見て、ペテロは、そこに、神さまの愛と憐れみに満ちた御手をヒシヒシと感じたのです。

　更に、ペテロは、キリストが、自分の犯した罪を完全に赦してくださったことを確信すればするほどそこにキリストの愛を感じました。ペテロは、キリストに向かって「あなたのためなら、たとえ火の中、水の中でも参ります。死ぬことがあっても、絶対について行きます」と言っておきながら、それから数時間の後には、「私は、イエスなど知らない」「神にかけて」「絶対に知らない」とご丁寧に、3度までもイエス様を裏切りました。

　しかし、その瞬間から、そのことが、ペテロの心を苦しめました。キリストは、自分を愛し、手塩にかけて自分の面倒を見、世話し、育てて下さったお方である。こともあろうにそのお方を、自分の身可愛さに、「知らない」と3度まで裏切ってしまったのです。

　彼は犯した罪ゆえに良心の呵責に苦しみました。彼は、そのために、外に出て、男泣きに大声で激しく泣いたと聖書は記しています（マタイ26：75）。

　彼は、言うまでもなくその罪を悔い、神に赦しを乞いました。キリストは、勿論、彼の罪を赦しておられました。しかし、彼は、尚、どこかうなだれていました。かつてのような元気がありませんでした。その罪

第4章　「愛の中で成長する」

の赦しをもっと明確に確信して、再び成長の道を進む必要がありました。

そこで、キリストがなさったことは、3度キリストを否定したことを悔やむペテロに、3度「私を愛するか」と尋ね、3度「私の羊を養いなさい」と言われたことでした。

それは、キリストの愛の「暗号」でした。「あなたは、私を愛するか」「私の羊を養いなさい」。それらの言葉は、「罪の赦し」を超えた言葉でした。即ち、「主を愛する」とか、「主の羊を養う」などということは、「罪が赦された」後に、初めて言えることでした。

即ち、「もうあなたの罪は赦されたのだ。それは終わったことだ。いつまでもそのことを気にやまず、前へ進もう。これからは、私を何者にも勝って愛し、その証しとして私の羊を飼いなさい」という暗号を送られたのです。

これは、何という朗報か。ペテロは静かではあったが、言うことのできない感謝の涙を心の中で流していました。

何の咎めることもなしに、ご自分の命を十字架に捧げて、彼の裏切りの罪を全く無かったことのように赦し、受け入れ、新たに期待をかけ、信頼してくださる主の愛を、彼はただただ感謝し実感したのです。

この赦しの愛こそが、こんな罪人をも赦してくださった神の愛の実感こそが、キリスト教信仰の基礎のすべてです。クリスチャンの持っている喜びも、その自由も、その希望も、その力も、その信仰も、その奉仕も、その献身も、皆ここから始まっています。

賛美歌（聖歌総合版762番、インマヌエル讃美歌198番）：「われは思う三度（みたび）も、五度（いつたび）も背きし、罪人をも尚受けたもう主の愛の深さを。我さえも愛したもう。我さえも愛したもう、救い主の愛の深さ。我さえも愛したもう」

このように、キリストの愛を実感する中で、ペテロの心は開かれ、キリストを期待し、チャレンジする「成長」への道を踏み出すことができました。

それでは、キリストが、そのような愛の中でペテロに期待した「成長」

は何であったか？　それは、自分のためでなく、人のために生きる人生。「私の小羊を飼いなさい」（15節）、「私の羊の世話をしなさい」（16節）、「私の羊を飼いなさい」（17節）と、その表現において、多少の違いはありますが、基本的に同義語と言われる言葉を3回繰り返しています。

　これらの言葉から言えることは、キリストは、ペテロが、自分のために生きるだけでなく、霊的に成長して、人のために生きる人になることを期待されていたことです。

　今の時代、人は皆、自分を養うことで一杯です。しかし、キリストは、私たちが、成長して、他人を養う人になることを期待しておられます。

　自分のための信仰から、人のための信仰へと成長することをキリストは期待しておられます。

　皆、「受ける」ことを求めている。しかし、キリストは言われる。「受けるより与える方が幸いである」と。キリスト自身、ご自分について「私は仕えられるために来たのではなく、仕えるために来た」と言われました。

　ちょっと刺激的な言葉で、受け入れられない人もいると思いますが、リック・ウォレン[注15]は、その書『The Purpose Driven Life』で「今日、多くの信者にとって最も必要ではないことは、新たに別の聖書の学び会に参加することです。知識の量はもう十分です。彼らが必要としているのは、霊的筋肉を使って人に仕える経験を積むことなのです（p302）」と、言っています。

　キリストは、私たちにも、ペテロと同じように、職業的にも、牧師や宣教師になって、キリストの羊を飼い、養う人になることを期待しておられます。

　しかし、たとえ職業的な牧者でなかったとしても、個人的なレベルで、信徒として、職業的な「牧者」、即ち、「牧師」と協力して、彼／彼女を支援し、キリストの羊を養う人になることを期待しておられます。

　自分の必ずしもしたくないことをも喜んでして行く人生。キリストは、言われる。「若いときには、自分で帯を締めて、自分の歩きたいところ

を歩きました」(18-19節)

　今の時代の文化、風潮は、「あれをしてはいけない。これをしてはいけない」とか、「あれをしなさい。これをしなさい」と言うように、余り、外から押さえつけないで、「自分のやりたいことをやる」「自分のやりたいことをやらせてあげる」とよく言います。これらは、重要なことです。

　確かに、そのような伸び伸びとした環境の中でこそ、人々の能力が伸び、発揮されることも事実です。このことは、霊的、信仰的にも同じです。キリストが、ペテロに、「あなたは若かった時には……」と仰(おっしゃ)ったように、信仰がまだ幼いとき、若いときには、特にそうです。

　しかし、問題は、それがすべてではないことです。人は、成長するにつれて、必ずしも自分の思い通りに行かない状況の中で、それに応じて生きることを学んで行くことが求められます。だから、キリストは、ペテロに言われる。「しかし、年をとると、あなたは自分の手を伸ばし、他の人があなたに帯を締めて、あなたの行きたくない所に連れて行きます」と。

　私たちが成長して、親になると、自分の思い通りの生活ができなくなる。子どもを教育し養うために、自分のしたくないこともしなければならなくなるからです。

（１）しかし、これが、親にとっては、苦痛でなく、喜びなのです。

（２）仕える者の喜びであり、与える者の喜びなのです。

（３）人が嫌がるような労働を陰で、喜んで、黙々とやったからこそ、このような喜びに与ることができたことに、真の喜びを感じるようになるでしょう。

（４）即ち、それは、たましいの上で愛に成長した者の喜びといえるでしょう。

　それは、また、結婚式の披露宴で、キリストが水をぶどう酒に変えられたとき、それを手伝ったしもべたちの喜び、興奮と似ていました。これも、また、仕える者の喜びです。

一方で、おいしいぶどう酒を飲んで喜んでいるパーティーの参会者たちがいます。それは、受ける喜びです。それは、お金さえあれば、どこででも味わえるこの世の喜びです。
　しかし、水がぶどう酒に変えられるという霊的な奇跡を目の当たりに体験することができたしもべたちの興奮と喜び。
　それは、仕える者の喜び、主に従った者の喜び、成長した者の喜びでした。彼らは、重たい水がめを、どの位離れていたかは分かりませんが、恐らくかなり離れていた井戸まで運び、それに水を一杯ふちまで満たし、またそれを宴会場まで運んだのです。水がめは6つあり、一つ一つは80リットルから120リットル入りだったとのこと。彼らは、そのような人が嫌がるような、労働を陰で、喜んで、黙々とやったからこそ、あのような喜びに与ることができたのです。
　これは、キリストの最初の奇跡でした。まだ、キリストが知られていない時代です。この結婚式の部外者的存在でさえありました。彼らは、「何でこの男のことを聞いて、水がめに水を満たすのか。そんなことして何になるのか。こんな面倒くさい、大変な仕事は、真っ平御免だ」と思っても不思議でもありませんでした。しかし、彼らは、仕える者のスピリットをもって、自分が嫌なことも喜んでしたのです。
　キリストも同じでした。キリストは、弟子たちの足を洗いました。
　イエス様ともあろうお方が、何でこともあろうに弟子の足を洗うのか。トンでもないというイメージです。
　弟子たちでさえ、誰一人、他の人の足を洗おうなどと思いませんでした。弟子たちは皆、「それは私のするべきことではない」「私のやりたいことでもないし、私の賜物でもない」と思って、自らやろうとも、キリストを手伝おうともしませんでした。だから、仕方なくキリストご自身が、立ち上がり、衣服を脱いで、弟子の足を洗われました。
　そして、キリストは、言われました。あなた方にもこのようにして欲しいと。
　人が嫌がる奉仕をする者、自分が必ずしもやりたくないと思っている

ことをする人となって欲しいと。これがしもべの姿であると。

　再び、リック・ウォレンですが、同じ本の中で、このように言っています。

「残念なことですが、ほとんどの場合、私たちの奉仕は、自分のための奉仕になっています。私たちは、人に好かれたいから、認められたいから、あるいは、自分の目標を達成したいからという理由で奉仕をしています」(p349)

　自分のやりたいことだけをする段階から、ペテロに主が言われたように、「あなたの行きたくない所に連れて」行かれることをよしとする段階へと成長することが期待されています。

　最後の成長の姿は、人と比べないで生きる人生です。

　ペテロは、自分がこのように、キリストに求められたとき、そのときの彼の幼い成長段階では、直ぐにそれが受け入れられず、思わず、「では、あのヨハネはどうなのですか？　彼も同じようになるのですか？」と聞きました。「イエス様、あなたのために捕まえられ、縛られ、投獄されて、命を奪われるような目に遭うのは、私だけですか？　もし、私がそうなら、ヨハネだって勿論同じですよね」とペテロは聞きました。

　キリストは、そのとき、ペテロに「それがあなたになんの関わりがありますか？」(22節)と言われた。キリストが、ここで仰りたいことは、人と比べないで、キリストだけを見て生きる成長した人生である。

「人と比べないで自分を示そうとする」

　人と比べて自分を誇示することは幼稚なことなのです。

「人間は神の栄光を実現するために神がつくられた」

　神を使って自分がいかに素晴らしいかを示すのではないのです。

　周りの人、周りのクリスチャンの姿を見て自分の歩き方を決めるのでなく、キリストが、あなたに何と言っておられるか、あなた自身の信仰を確立しなさいと言われるのです。

「他の人があんなに頑張ってやっているから、私ももっとしなければならない」、「他の人も、あの程度しかやっていないから、わたしも、そん

なに頑張る必要はない」。そのどちらも間違いです。幼いクリスチャンなら、周りの様子を見ながら生きることも止むを得ないかもしれません。しかし、成長したクリスチャンは、人と比べて生きてはなりません。

　人と比べる人生は、弱い。試練に立ち向かい得ない人生です。

　詩人の水野源三さん（1937 〜 1984）が、僅か8歳で失明していこうとする少年に「瞬き」で語った励ましのことばは、「人と比べないで生きて下さい」。

　水野源三さんは9歳の時にかかった病気のために、脳性麻痺を起こし、目と耳の機能以外の全てを失ったが、目の動きで意思の疎通をはかり「瞬きの詩人」と呼ばれました。

　キリストは私たちに、人と比べないで、人を見ないで、人の言動に左右されることなく生きるように言われます。そのためには、私たちが、むしろ、あらゆるときに、唯ひたすら、キリストだけに目を注ぎ、直接、キリストから、キリストの御旨が何であるかを語って頂き、それを確信し、キリストに従いなさいと言われます。

第5章

「愛の背景」

「愛がなぜ、そんなに私たちにとって必要なのか」
　愛は、何もない真空状態に、突然、現れるものではないし、第一、それでは、愛の意味がありません。
　愛には対象があり、背景がある。愛する人々がいて、愛される人々がいる。そして、その人々の間に様々な状況と背景がある。
　即ち、ここで言う「愛の背景」とは、「愛の主体であり、また、愛の対象でもある私たち人間」のことです。
「私たち人間とは何か？」「どういう状況におかれているのか？」等を理解することが、「愛の成長」においては極めて大切です。
　その意味で、聖書は、Ⅰコリント13章で愛について記す前に、12章の後半で、その背景としてのわたしたち人間の姿、状況について、少なくとも２つのことを記しています。
　第一は、私たち人間は、すべて神さまからの特有な「賜物」を頂いている。(あなたがたはキリストの体であり、ひとりびとりはその肢体である。27-28)
　ここで、聖書は、私たちの存在を体全体とその体を造り上げている体の一部、肢体に譬えています。「そこで神は、御自分の望みのままに、体に一つ一つの部分を置かれたのです。すべてが一つの部分になってしまったら、どこに体というものがあるでしょう」(12：18-19)
　即ち、私たちは、体全体の一部として、ある人は、腕であり、足であ

り、手のひらであり、足の裏であり、鼻であり、目であり、耳であり、……と様々な体の部分です。

　このことは、言い換えるなら、私たちは、みな、それぞれ、必要な賜物と役割を、教会の中で、あるいは、家庭の中で、社会の中で、神さまから頂いているということです。

　それ故に、みんなが、もれなく全員で協力して初めて、私たちは一つの体を造り上げることができるのです。

　皆が、それぞれに特有な「賜物」を与えられているということは、言い換えると、第一に、私たち「全員」が「必要」とされていることを意味しています。

　必要とされていない人は一人もいない。すなわち、皆が、全員、寄り集まらなければ体にならない。家族にならない。教会にならないのです。

　あるテレビドラマの中で、知的障害を持ちながら町工場で働く青年がこのように言う場面がありました。彼は言う、「必要のない部品はありません」。全員が必要なのである。それゆえ、皆が、他人を互いに尊敬しあい、また、自らを卑下することもなく、一人一人が、神さまから「賜物」を委ねられたものとして誇りを持つべきなのです。

　第二に、私たち「全員」が、全体に対して「責任」があることを意味しています。

　それは、丁度、手や足が、自らのために存在しているのではなく、全体のために存在し、全体に対して責任があるのと同じです。

　私たちは、家族全体のために存在し、教会全体のために存在し、社会全体のために存在し、それぞれに対して責任があるのです。

　アフリカの原野で、シマウマは通常群れをなして棲息しています。

　彼らは、一頭一頭では弱い存在です。そのような群れをライオンのような獰猛な獣が襲ったとき、シマウマは円陣を組んで、後ろ足で、皆が一斉に外に向かって蹴るそうです。そのようにするとき、さすがのライオンも一歩も近づけず、ただ周りをウロウロするだけだそうです。

　ところが、そのようにしているとき、時々、シマウマのなかに、外を

ウロウロするライオンに怖くなって、一頭だけが抜け駆けするように、その輪から離れて逃げることがあると言います。そのときが、ライオンのチャンスだといいます。

シマウマが、一頭でも円陣から外れた瞬間、みんなで組んでいた円陣の力が無くなり、あっと言う間に、その逃げたシマウマだけでなく、他のシマウマも数多くライオンの餌食になるとのこと。

一人一人がみな、全体に対して、自分の頂いた賜物を活かしつつ、自分の持ち場の責任を果たすことが大切です。それをするとき、その家族は、その教会は、また、そのコミュニティーは強くなるのです。

私たち人間が委ねられている「賜物」は、それぞれ皆違います。

「皆が使徒であろうか。皆が預言者であろうか。皆が教師であろうか。皆が奇跡を行う者であろうか。皆が病気をいやす賜物を持っているだろうか。皆が異言を語るだろうか。皆がそれを解釈するだろうか」(12：29-30)

目が手に向かって「お前は要らない」とは言えず、また、頭が足に向かって「お前たちは要らない」とも言えません。(12：15、21)

これらの聖書の箇所は、明らかに、皆が、それぞれ「違う」賜物を神さまから頂いていることを強調しています。そして、同時に、それは、どの賜物が、他の賜物より優れたものであるという賜物間の「格差」がないことをも私たちに教えています。

即ち、すべての賜物が、皆等しく尊いのです。それは、丁度、すべての体の部分が、みな等しく尊く、どの部分も、他の部分に対して、「私はあなたを必要としない」と言えないのと同じです。

しかし、現実には、しばしばここに問題があります。と言うのは、残念ながら、私たちはほとんどの場合、無意識のうちにも「賜物」に等級を付けています。

そして、自分の賜物と他人の賜物とを比較し、安心したり、優越感に浸ったり、あるいは、逆に、僻(ひが)んだり、卑屈になったりしています。

更に、私たちは、より見栄えの良い賜物を追い求めようとします。こ

のような心の状態は神さまの御心ではありません。これらの態度とスピリットは、個人的にも、社会（教会）の群れとしても、自分に対しても、他人に対しても、「それが、所詮、人間の性だから仕方がない」と言って、絶対に許容してはなりません。

　いまの世の中は、一方で競争の害を説きながら、実態としては基本にあるのは競争に他ならないと言ってもいいでしょう。

　自由に競争して構わないというのが、前提にあるわけです。ですから、競争できるのにそれに参加しない人間は、置いておかれても文句は言えないと言わんばかりです。

　子どもの頃から「お受験」などと言って競争にさらされていきます。親も競争に勝って人よりも上の地位に立てる人間になってくれることを密かに願います。

　これらのことは、おおっぴらに言わないまでも、暗黙の了解のようにみんなが承知しています。それが常識になっているので、競争に参加することを尻込みする人間は低く見られたりするわけです。

　競争することも、それが自然な流れで発生しているうちは、楽しめるし意味もあるのです。しかし、人間の思考というのは一度「競争するモード」にセットされてしまうと、勝つ方法をひたすら追求してしまうのです。

　必要となれば、嘘をついたり人をけ落としてでも自分が勝つことを厭わないのです。普通なら、こんなことに勝ち負けをこだわっても仕方ないと感じるようなことも、「競争モード」にとりつかれると何でもかんでも、ただ勝たねばならないと思い込み、神さまの御心を見失ってしまいます。

　小さな子どもとゲームをしたとき、勝たせてあげようと思わないですか？　それとも、大人気なく自分が勝たないと気が済まないですか。もしそうなら、不必要に競争に囚われているのかもしれませんね。

　人と競争をしないことで、自分のペースを維持できます。どっちが上でも私には関係ないと思えば、下手に神経を使わなくても済むのです。

第5章　「愛の背景」

そのようにしていれば、なんにでも勝ちたがっている人の余裕の無さが見えてくるし、哀れにさえ思えてきます。本来競う必要がないことが、はっきりと見分けられるようになってきます。

　競争に生きる人は、たとえ今自分が上にいても安堵感はありません。今の地位を失うのではないかといつもビクビクしていなければなりません。昨日まで１位にいた人は、今日の２位が許せない。そこに何ほどの違いもなくてもです。

　競争に明け暮れている時というのは、熱病にかかっているようなものです。熱が冷めれば、そこにたいした意味はなかったことが見えてきます。

　しかし、その時はそれが死活問題だと映るのです。自分の命を削っても、それに勝たねばと思ってしまうのです。そのような経験がすべて意味が無いとは言えないでしょうが、それがすべてで、これからもずっとそうだと思うようなら、ちょっと考え直したほうがいいのです。そんなに時間に余裕のない生活を望んでいるのかと。こんな馬鹿馬鹿しいことに神経をすり減らす必要がどこにあるだろうかと。そんなふうに思ってしまえば、いくら後回しにされたって腹が立たなくなってきます。イライラするのはもうやめたと決めた途端に、同じ景色も違って見えてくるのです。

「兄弟たち、わたしはあなたがたには、霊の人に対するように語ることができず、肉の人、つまり、キリストとの関係では乳飲み子である人々に対するように語りました。わたしはあなたがたに乳を飲ませて、固い食物は与えませんでした。まだ固い物を口にすることができなかったからです。いや、今でもできません。相変わらず肉の人だからです。

　お互いの間に妬みや争いが絶えない以上、あなたがたは肉の人であり、ただの人として歩んでいる、ということになりはしませんか。ある人が『わたしはパウロにつく』と言い、他の人が『わたしはアポロに』などと言っているとすれば、あなたがたは、ただの人にすぎないではありませんか。アポロとは何者か。また、パウロとは何者か。この二人は、あ

なたがたを信仰に導くためにそれぞれ主がお与えになった分に応じて仕えた者です」（Ⅰコリント3：1-6）

　パウロは、ここで、私たちが、自分と他人との比較もさることながら、他人同士も比較して、「あっちが良い」、「こっちが良い」、「あの人の方が賜物豊かだ」、「この人の賜物の方が優れている」とか……、という態度、及び、スピリットこそが、私たちの間に、分裂、分派、争い、妬み、党派心、等を起こさせ、私たちの信仰を人間的なレベルに引き下げ、いつまでたってもキリストにある幼子とし、成長しないクリスチャンとしている原因だ、と言っています。

　パウロは、この問題を克服するために、即ち、この人間の問題を背景として、愛の章を書き記したのです。「あなたがたは、もっと大きな賜物を受けるよう熱心に努めなさい。愛。そこで、わたしはあなたがたに最高の道を教えます」（Ⅰコリント12：31）

　神と人とに仕えるために、神さまから私たちに与えられた様々な賜物を、各々が、自己中心や、虚栄や、妬みや、党派性、分裂などを避けて、正しく追い求め、また使えるようになるために、私たちは、これらの「賜物」以上の「よりすぐれた賜物」「更にまさる道」を必要としているとパウロは言います。

　それが、まさしく、13章に言われている「愛」なのです。そして、14章冒頭で、結論として、「愛を追い求めなさい」と奨めているのです。

　なぜか？　なぜ、突然、ここに愛が、愛の章が登場したのか？　なぜ、突然パウロが愛について語り始めたのか？　「更に優れた賜物として愛を追い求めよ」と言ったのか？

　パウロは、教会でも、どこでも、人が、もしコミュニティーの中で生きようとするとき、「賜物」は大切である。人はそれぞれ与えられた賜物を存分に発揮して、教会を始めとするコミュニティーで仕えるべきであると言いました。

　しかし、にもかかわらず、それぞれが持っている「賜物」は、しばしば、一見、バラバラに働いているように見えます。あの人は「これ」、

この人は「あれ」と、みんな違い、みなバラバラのことをしているように見えます。

また、「賜物」は、「あっちの賜物の方が、こっちの賜物より良い」というように、一見すると「格差」があるように見えます。

それがゆえに、それらを熱心に追い求めれば追い求めるほど、しばしば、私たちの間に、高慢、妬み、争い、分派、分裂を引き起こすことになります。

しかし、もし、そこに「愛」があるなら、愛は、すべてを完全に結ぶ帯となって、これらバラバラに見える賜物を有効に結びつけるだけでなく、同時に、それを持つ私たち一人一人を一つに結びつけてくれるのです。

このように私達には、愛がどうしても必要なのです。これが「愛の背景」なのです。(以下コロサイの信徒への手紙3：12-17)

「あなたがたは神に選ばれ、聖なる者とされ、愛されているのですから、憐れみの心、慈愛、謙遜、柔和、寛容を身に着けなさい」

「互いに忍び合い、責めるべきことがあっても、赦し合いなさい。主があなたがたを赦してくださったように、あなたがたも同じようにしなさい」

「これらすべてに加えて、愛を身に着けなさい。愛は、すべてを完成させるきずなです」

「また、キリストの平和があなたがたの心を支配するようにしなさい。この平和にあずからせるために、あなたがたは招かれて一つの体とされたのです。いつも感謝していなさい」

「キリストの言葉があなたがたの内に豊かに宿るようにしなさい。知恵を尽くして互いに教え、諭し合い、詩編と賛歌と霊的な歌により、感謝して心から神をほめたたえなさい」

「そして、何を話すにせよ、行うにせよ、すべてを主イエスの名によって行い、イエスによって、父である神に感謝しなさい」

家族に対して

「妻たちよ、主を信じる者にふさわしく、夫に仕えなさい」（コロサイの信徒への手紙3：18）
「夫たちよ、妻を愛しなさい。つらく当たってはならない」（同3：19）
「子どもたち、どんなことについても両親に従いなさい。それは主に喜ばれることです」（同3：20）

　私たちが、教会を始めとする、コミュニティーの中で、与えられた人生を、真に有意義に生きるために必要なことは、まず、第一に、自分に神さまが与えられた「賜物」が、何であって、何をもって神さまと人とに仕えるべきかを、祈ってよく考え、それを認識することです。
　どうやって……？　このために、リック・ウォレンの『The Purpose Driven Life』の32章を読まれることをお勧めします。
　その一部を紹介します。多くの本では、この賜物発見の過程が逆になっています。次のように言うわけです。
「まず、自分の霊的賜物を発見しなさい。そうすれば、おのずと自分のなすべきストーリーが見えてくるでしょう」
　事実は、その全く逆です。まず奉仕に携わること。そして色々な働きを試していく中で、自分の賜物を発見していくことです。
　実際に奉仕をしてみなければ、自分がどんなことに向いているのか分かるはずもありません。
　人は、自分でも気づいていない数十もの隠れた能力や賜物を持っているものです。まだ、自分が、どのような賜物を持っていて、どのような形で神さまと人とに仕えて生きて行くべきかの確信のない方々は、どうか、今日から、それを真剣に祈り求めて欲しい。
　第二に、もし自分の賜物を発見し、それを追い求めるなら、その賜物より勝る賜物、即ち、愛という賜物を、他の賜物を求める以上に求めることです。
　即ち、愛優先です。そうでないと、必ずと言ってよいほど、私たちは、

傲慢か、安易な自己満足、あるいは、その逆に、卑屈か、妬み、闘争心、また、分裂や、分派の罠に落ち込むだけです。

個人としても、社会人としても、クリスチャンとしても、外側は立派な社会人、教会でも熱心な奉仕者。しかし、中身は、妬みと傲慢が入り混じった、霊的な幼子から成長できない、極めて貧弱なクリスチャンで低迷してしまう姿をよく見ます。

賜物や能力のことで、自分と他人を比べるのを止めたい。また、他人同士を比較するのも止めたい。むしろ、自分の賜物を求めるとき、神に対する愛、人に対する愛を同時に、それ以上に求めるように奨励したい。

そして、「自分がこの賜物を求めるのは、ひとえに神さまを愛し、人を愛するからだ。そのためにこの賜物を求めるのだ」という心の深い頷きをもって生きることが大切です。

そうするなら、自分の賜物と能力の増加を求めるときも、思い通りにならなくても、不安になったり、恐れたり、焦ったり、イライラしたりすることがなくなります。なぜなら、「全き愛は恐れを除く」（Ⅰヨハネ 4:18）からです。すべてに勝って、もっともっと神と人とに対する「愛を追い求めよう」、ここに平安があり、力があり、実りがあります。

第6章

「愛の至高性」

　コリントの信徒への手紙（13章）で、パウロが、「愛は忍耐強い。愛は情け深い。妬まない。愛は自慢せず、高ぶらない。礼を失せず、自分の利益を求めず、いらだたず、恨みを抱かない。不義を喜ばず、真実を喜ぶ。すべてを忍び、すべてを信じ、すべてを望み、すべてに耐える」と愛の特徴を説明する前に、この章1－3節で「たとえ、人々の異言、天使たちの異言を語ろうとも、愛がなければ、わたしは騒がしい銅鑼、やかましいシンバル。たとえ、預言する賜物を持ち、あらゆる神秘とあらゆる知識に通じていようとも、たとえ、山を動かすほどの完全な信仰を持っていようとも、愛がなければ、無に等しい。全財産を貧しい人々のために使い尽くそうとも、誇ろうとしてわが身を死に引き渡そうとも、愛がなければ、わたしに何の益もない」と述べています。

　パウロは、ここで、「たとえ」ということばを3回使いながら、多くの人々が、持つことに憧れ、慕い求めているものをリストアップしています。即ち、「美しい天使のことば」、「雄弁な人の言葉」、「天的な言葉としての異言」、神の言葉を語る「預言」、「山を移すほどの力をもった完全な信仰」、「人のための美しい犠牲的行為」です。

　わざわざここでリストアップしているのは、裏を返せばこれらが大事であるのは間違いがない。しかし、人々を魅了しているそれらのものと「愛」を比べながら、愛がなければ、それら、どんな魅力的なもの、人が尊敬し、憧れるものも何の意味もないと言います。即ち、パウロは、

愛があってこそ、それらのものにも価値が出てくるのであり、「愛が一番大切なもの」であると告げます。

言葉によるコミュニケーションの力と魅力

まず、第一に、愛は、如何なる「コミュニケーション」の能力にも勝って大切である、とパウロは言います。

現代社会の特色の一つは、「コミュニケーション」の重要性です。キリストが「神の姿」を捨てて、「人の姿」を取られたこと、そこに、良心の愛（アガペー）があるのです。ですから、アガペーは、自らの立場を捨てて、相手の立場にまで下りることを意味します。これは、まさにコミュニケーションを意味します。

このように生きる人は、隣人に愛され、その人間関係は祝されます。夫婦円満で、多くの友を持つことができるのです。

言うまでも無く、そのコミュニケーションの中心は「言葉」です。あるときは、「語られる言葉」であり、また、あるときは、「書かれた言葉」です。

これらの「言葉」が、今日、コンピューターによるinternetというシステム・技術を通して、かつての時代には、到底考えられないほどの勢いと範囲で人々に影響を与えています。

エドワード・ジョージ・ブルワー・リットンという19世紀のイギリスの小説家が書いた『リシュリュー』という戯曲があります。その中に、「ペンは剣よりも強し」という、よく知られている諺が出てきます。その意味は、「ペンを象徴とする書かれた言葉が、武器の象徴である剣に勝って、人々の心と生涯に、また社会に、強い力を持っている」ということです。

世界中を席巻した2008年の米国大統領選挙戦は、「オバマ当選」で幕を下ろしました。この選挙戦において、オバマ勝利の最大の要因は、何と言っても彼のorator（演説家）としての優れた能力、即ち、彼のeloquence（雄弁さ）であったことは誰もが認めることです。

選挙戦の間、しばしば、反対派から、「オバマには、彼の雄弁な演説・言葉以外には、米国民が、大統領として信頼するべき経歴も、経験も不足している。即ち、彼の雄弁さ以外には、大統領としての彼の能力を実証するべきものがほとんど無い」と批評されました。

　このことは、彼を支援し、彼に投票した多くの人々も、ある程度認めていたことでありました。しかし、にもかかわらず、多くの人々は、彼に投票しました。何故か？　それは、彼の「言葉」に感動し、そこに希望を持ち、それに賭けたからです。

　人々は、たとえ、そこにまだ、実体が無かったとしても、語られた言葉に魅了され、言葉という媒体によって、あたかも、そこに実体があるかのように惹きつけられていくのです。これが、「言葉の力」です。

　それは、上述した政治の世界だけではありません。ビジネスの世界でも然りです。

　経営者のビジョンに満ちた言葉に動かされ、困難に屈せず、希望をもって突き進んだためにどん底から這い上がった企業もあります。

　また、逆に、まことしやかで、巧みな言葉に乗せられて、トンでもない詐欺に引っかかったりすることもあります。

　このようにビジネスの世界でも言葉は力があります。また、法曹界、弁護士と検事が争う裁判の世界でも、同じ証拠を前にして、検事と弁護士の「言葉」を巧みに駆使する論戦の中で、有罪が無罪となり、無罪が有罪となることも珍しくありません。

言葉によるコミュニケーションの実際

　個人生活における「恋愛」「結婚」「家庭」という問題においても、「言葉」は大きな力を持っています。それゆえに、私たちは、夢中になって、優れた言葉を用いることができる人になりたいと願い、それを追い求めます。

　それを、私たちの信仰の世界に当てはめると、「言葉に力ある人」とは、Ⅰコリント13章1－2節に見られるように、「異言」の語れる人、

「預言」を語れる人となります。もし、「異言」を祈りの言葉とするなら、それは、祈りの言葉に力のある人であり、もし、「預言」とは、神の言葉を語ることだとするなら、説教に力のある人ということになります。

　即ち、個人的に、あるいは、集合的・公的にも、人々に、「言葉」を通して、励ましや、慰め、希望、指導を与えることのできる人です。私たちは、みなそのような人になりたいと願うし、また、そのような人を尊敬します。

言葉と愛の関係の驚き

　しかし、ここに、見逃してはならない重要、且つ、ショッキングな事実があります。それについて、パウロはこのように言います。

　第一のショックは、「人は愛無くしても、言葉の人になることができる」という事実です。

　パウロは、「愛がなければ、人は、異言や預言、人に役に立つ言葉を話せない」などとは言っていないのです。むしろ、「愛がなくても、異言は可能」であり、「愛がなくても、預言は可能」である、と言ったのです。

　これは、多くの人々が余り認識していないショックな事実です。

　多くの人は、預言、異言に代表される「言葉」を余りに高く評価し、異言や預言が話せるなら、当然、愛にも満たされていると思い込んでいます。

　言い換えるなら、神さまの御用をするなら、あるいは、何か立派な尊敬されるようなことをしているなら、あるいは、誰かに良いことをしているなら、即ち、その人は、愛の人だと、自動的に思い込みやすいのです。

　しかし、パウロは、ここで明確に、それは、間違いであり、二つの別のことであると言うのです。

　しかし、それにも勝るショックがあります。第二のショックは、もし、愛なしに、それらをしているなら、「私たちはNothing」だという事実

です。

　このところを英語訳で見ると、「I am nothing」「I gain nothing」とあります。即ち、パウロは、ここで、「愛がなければ、私たちがした預言、あるいは、異言、そのものが空しくなる」と言っているのではありません。それは、それで価値を持ち続けるでしょう。

　愛の無い奉仕、即ち、自分を良く見せるための奉仕、自己顕示的な奉仕、自己満足的な奉仕、自己中心的な動機の混ざった奉仕であっても、やったことは用いられ、奉仕は奉仕として、そのまま残るかもしれません。「良かった。よかった」と、人には、認められ、褒められ、「有難うございました。あなたのお陰です」と感謝されるかもしれません。

　しかし、もし、愛という動機がないなら、奉仕した私たち自身、神の前には、神の目には、「nothing」で何も数えられないと言っているのです。

　これは、かなり厳しい、受け入れがたい聖書の教えの一つです。この驚きとショックの事実は、天国に行って、恐らく発見する最大のものでしょう。

　天国に行ったとき、「主よ。私は、あなたのために、人のために、あれもしました。これもしました。それなのに、どうして、ここには、その記録がないのです」と慌てて尋ねる私たちに、神さまは、「あなたは、異言で神に祈り、預言で人々に神の言葉を伝えていた。また、信仰によって山を動かすような大きな仕事もしてきた。また、たくさんの犠牲的奉仕もしてきたが、あなたは、それらを神を愛し、人を愛する動機からと言うよりも、どちらかと言うと、自己中心的で、自己高揚、自己満足的な動機でしていたので、奉仕は奉仕として人々のために役に立ったが、あなたは私の前にnothingである」と言われるでしょう。

　神さまは、なぜ、そうなさるのか？　愛は、如何なる言葉にもまさるからです。愛のない言葉と奉仕から来る祝福は、どこまでもtemporaryで一時的なものであり、愛による奉仕と祝福だけが、その深みにおいても、時間においても永遠の価値があるからです。

第6章　「愛の至高性」

知識よりも大切な愛

　愛は、私たちが憧れている如何なる「知識」よりも大切な愛は、更に、私たちが憧れている如何なる「知識」よりも大切です。コンピューター、インターネットの発達と共に、現代は、知識が謳歌される時代です。
　2005年亡くなった、20世紀最大の経済学者と言われるピーター・ドラッカー氏は、現代を「知的財産」を基本にした「知識社会」と定義づけました。その意味で、人々は、知識に憧れ、知識を追い求めます。だから、教育機関が益々もてはやされ、知っていることが誇りであり、「知ってるーっ」と、また、「博学多識」の知識人を賞賛して持ち上げるのです。
　クイズ番組が流行るのもその理由のひとつでしょう。みんな、「へー!?　そんなことも知らないの？」と呆れられないように、否、むしろ、知識人の仲間に入ろうとすることで夢中です。
　確かに、知っていることは力です。知の力は事実であり、今の時代に生きる私たちに不可欠です。しかし、同時に、聖書は、「どんなに知識があっても、その分野でPh.D.（博士号）を持ち、奥義に達するような深い造詣を持っていても、もし、そこに愛がなければ、私たちは、nothingだ」と。
　このことは、さらに他の聖書の言葉でも強調されています。
「知識は人を誇らせ、愛は人の徳を高める」（Ⅰコリント8：1）
「文字は人を殺すとも言う」（Ⅱコリント3：6）
　どんな神学的知識も、クリスチャンとはかくあるべきという聖書の知識も、キリスト教の様々な本からの知識も、もし、愛が無ければ、高々、知的な興奮を与えるだけで、うっかりすると、その知っているという事実が、かえってその人を傲慢にしたり、人を裁くようになったりするのが関の山です。
　そして、聖書は、ハッキリと、「愛の伴わない、愛をもって用いられない知識は、神の前には、何の値打ちもない」と言います。

ここでも、知識を豊かに持っていることは、愛を豊かに持っていることを意味しないし、愛がなければ、知識をもっていることは意味がないと聖書は言います。

力よりも大切な愛

　愛は、また、私たちが憧れている「力」よりも大切です。
　Ⅰコリント13章2節には、単なる頭で認める信仰でなく、実際に、山を移すほどの実践的、実際的な力を信仰によって持つことが記されています。
　歴史のいつの時代でも人々は力を求めて来ました。肉体の力、金の力、地位の力、前述した知識の力、それに関係する技術の力です。私たちは、そのような力を持っている人たちを崇め、また、彼らに依存してきました。
　しかし、同時にそれらの力には限界があることも知っています。そんなとき、多くの人々が求めるのが、自分の力で及ばないところに私たちを及ばせる、即ち、奇跡を呼び起こす「信仰の力」です。
　もし、信仰によって何でもできる、というような、そんな力を持つことができれば、それはどんなに痛快で快適でしょうか？　経済問題にしても、病気の問題にしても、どんなことでも、もし、信仰によって、目の前の山が動くように、山積みの問題が解決するなら、どんなに楽か!?　みんなそう思います。そういうマジックパワーが欲しい。だから、そういうことを約束する新興宗教が後を絶ちません。
　しかし、これに対しても、聖書は、もし、愛が無ければ、私たちが、たとえそのような奇跡を起こす力を持っていたとしても、私たちは、神さまの前にNothingであると言います。奇跡を行う信仰の力と愛は必ずしも並行していません。しかし、もし愛がなければ、信仰の力は、神さまの前には無力、無価値そのものであると聖書は言います。
　ここで語られる愛は、一時的な愛ではなく、ずっと愛し続ける愛について語ろうとしています。

たとえば、自分の全財産を貧しい人に施すとか、自分の命を焼かれるために犠牲にするとか、そういう愛は本当にその人のためを思ってしたとしても、つまり、1節から3節のところで、愛がないと批判されるような愛ではなく、本当に愛をもってしたとしても、これは一回限りの行為ですむものです。ですから、こういう愛には、忍耐強く長く続ける必要はないのです。
　しかし、パウロがここから語ろうとする愛はそういう一時的な愛ではなく、その人と長くずっとつきあっていこうとする愛です。
　そのためには、何よりも忍耐が必要なのだということです。そして愛の中で一番むずかしいのは、そういう愛なのでしょう。一時的な愛ならば、その瞬間自分を捨てればいいわけです。いわば愛しっ放しでいいかもしれません。
　しかしここで語られる愛は、ずっとその人と交わっていかなくてはならない愛なのです。
　つまり、それはただ愛しっ放しというわけにはいかない、その人がその愛に応えてくれる、応答してくれるまで、愛し続けなくてはならない愛であります。本当の愛は移り変わる感情ではなく、決断であると教えています。問題は移ろいやすく不安定な人間の愛ではなく、神に愛されているという確信を持つことでです。

犠牲的行為よりも大切な愛

　最後に、愛は、さらに私たちが憧れている「犠牲的行為」より大切です。
　「自分の全財産を貧しい人に分け与える」「自分の体を焼かれるために渡すという行為」（コリント13：3）は、到底普通の人が、そう簡単にできないことであると同時に、人間として、誰でもが、憧れ、尊敬する最も美しい犠牲的な行為です。
　これらのことをすること自体、「偉大なこと」と誰もが思う行為です。人間、そして、クリスチャンの理想像と言っても過言ではありません。

しかし、ここでも、聖書は、明確に、この理想的とも言える、最も自己犠牲的な人間の行為も、それをしたからと言って、自動的に、その人が愛の人であるかは別の問題だと言います。
　たとえその人が、そのような犠牲的な行為をしたとしても、もし、その人が、それを純粋な愛という動機からでなく、行ったとすれば、その人は、その行為のゆえに、神の前に何ら祝福を受けることは無いのです。

第7章

「愛の永遠性」

「愛は決して滅びない。預言は廃れ、異言はやみ、知識は廃れよう、わたしたちの知識は一部分、預言も一部分だから。完全なものが来たときには、部分的なものは廃れよう。それゆえ、信仰と、希望と、愛、この三つは、いつまでも残る。その中で最も大いなるものは、愛である」（Ⅰコリント13：8-10、13）

　キリスト教信仰の核心は、信仰、希望と愛です。しかし、この三つの中でも一番は愛であり、世の中のすべてが消え去っても愛は永遠なものです。

　愛という文字はイエス・キリストと置き換えることができます。

　キリストはまさにそのようなお方だからです。忍耐強く情け深いのは、キリストご自身だからです。キリストの存在そのものが愛そのものなのです。いつまでも残る、最も大いなる愛は、キリストです。このキリストにおいて、神が、あなたを愛しておられる。そして、その愛は「いつまでも残る」ものです。

　あなたが、信仰も希望も見失っているときにも、神はあなたを愛しておられる。あなたはそう信じてよいのです。そのように信じるとき、あなたの心の中に、深い平安と慰めが訪れるでしょう。

　神さまは、私たちが、このような意味での愛を追い求める人になって欲しいのです。即ち、

　1．どんな人のどんな行為や言葉にも忍耐強い（寛容である）愛

2．自分の気に入った仲間たち以外の人々にも親切を示す愛
3．私たちの魂も、友情も、何もかもを破壊してしまう「妬み」の心から私たちを解放してくれる愛
4．神に造られ、神に愛されているという誇りとプライドは持ちつつも、決して自分を偉大な人物などと思わない謙虚な愛

このような愛が、私たちの日常生活に実現するとき、人は幸せに満ちた生活を送れるようになります。

しかし、このような愛は、どこから来るのでしょうか？

聖書は、明らかに、人間は生まれながら、そのような愛は持ち合わせていない、と言います。即ち、そのような愛は、私たちの心の中から自然には湧いてこないのです。

それでは、どこから来るのでしょうか？　それは、愛を熱心に、真剣に、求める人の心の中に、その求めに応じて、少しずつご聖霊によって神から与えられていくのです。だから、「愛を追い求めなさい」「毎日、毎瞬、愛を追い求めなさい」と神は言われるのです。

もう一度ヘンリー・ドラモンドの言葉を引用します。
「私たちのすべてにとって、ひとつの永遠の教訓は、どうすれば、私たちがもっと真に愛することができるかということです。人をクリケットの名手にするものは何でしょうか？　訓練です。人を優れた画家、彫刻家、音楽家にするものは何でしょうか？　訓練です。人を優れた言語学者、速記者にするものは何でしょうか？　訓練です。人を立派な者とするものは何でしょうか？　訓練です。それ以外にありません」

更に彼は言います。「信仰には気まぐれなものは何もありません。……人がもし、腕を働かさなかったら、筋肉の逞(たくま)しい発達は望めないでしょう。同じように、たましいを鍛えなかったら、その発育は得られないし、生き生きとした徳の力も、霊的成長の美しさも得られません。愛とは熱狂的な感情ではありません。それはキリストに似た性質が十分に発達したものです。しかも、この素晴らしい人格を形造る要素は絶え間ない訓練によってのみ築きあげられるのです」

愛の人になるためのもうひとつの大事な要素は、キリストご自身との絶えざる交わりです。なぜなら、愛はキリストご自身の中にあるからです。愛の根源であるキリストを心の内に宿し、ご聖霊によって、このお方と交わることを通し、愛であるキリストのご性質に似たものとなっていくのです。正に、それは、「朱と交われば紅くなる」ならぬ、「主に交われば、白く!?　なる」「主に似るものとなる」です。

愛の賛歌と呼ばれるⅠコリント13章は、多くの人が言うように、愛をまるで一人の人であるかのように賛美しています。愛を擬人化しています。ちなみに、自分の名前を入れて読んでみたらどうでしょう。

「○○○○は寛容であり、○○○○は親切です。また人を妬みません。○○○○は自慢せず、高慢になりません。礼儀に反することをせず、自分の利益を求めず、怒らず、人のした悪を思いません」

「もういい加減にしておけ」という皆さんの声が聞こえてきそうなので、この辺でやめておきたいと思います。私も読んでいて、余りにも本当の自分の姿と違うので、恥ずかしくて仕方がない、穴があったら入りたい、という心境です。

しかし、ここにイエス・キリストは、と入れるとどうなるのか。「イエス・キリストは寛容であり、イエス・キリストは親切です。また人を妬みません。イエス・キリストは自慢せず、高慢になりません。礼儀に反することをせず、自分の利益を求めず、怒らず、人のした悪を思いません」

まさにそのものずばり。読んでいて何の違和感もありません。イエス様こそ愛にましますお方。愛が受肉したお方、愛が肉体を取ったお方と納得し、こんな救い主に愛されている我が身の幸いを、私たちは改めて感じるところです。

ここで愛について学んできた私たちが、確認したいことが二つあります。

ひとつは、人間の愛は、ここに描かれた愛からはるか遠くはなれたところにある、本当に自己中心的なもの、私たちは人を愛することにおい

て何と無力な者か、ということです。

　もうひとつは、であるからこそ、人を愛するために私たちはイエス・キリストの愛を心に受け取る必要がある、それも日々受け取る必要がある、ということです。私たちはキリストに愛され、その愛を受け取って、初めて人を愛しうる存在となる、ということです。

　この愛の特色について「愛とは……」と教会でお説教する場で、突然、一人のご婦人が、ハッキリした口調で質問されました。この婦人が仰った(おっしゃ)こと、「それができないんです」という思いは、恐らく、このメッセージを聞くすべての人の心を正直に代弁していたと思います。

　ただ、このご婦人がそのように仰ったことで素晴らしかったことは、「それができないんです」で終わってしまっていなかったことです。「どうしたら良いのか」とこの問題に真剣に取り組もうとしている心の姿勢がそこにあったのです。

　多くの人は、「愛とは……」と聞いても、「あれは説教の中の理想論」「お話の中だけのこと」「実際には無理」と思って、礼拝のメッセージの時間が終われば、もう二度と、そのことは考えようとはせず、もっとただ実際的、実利的と思えることしか考えません。
「恋愛中」ならイザ知らず、よっぽどのことがない限り、愛のことで苦悶したり、悩んだり、苦闘したりすることもありません。これでは、Ⅰコリント13章を書いたパウロも、それを書かせた神さまも悲しまれます。そして、クリスチャンたちが「愛に成長する」わけもありません。

　確かに、「愛とは何か」と語られて、「あ、そうですか。知りませんでした。これからはそのようにしてまいります」と言って、その日から、あるいは、その翌日から実行していけるというような簡単な問題ではないことは、私たち皆がよく知っているし、神さまはもっとよく知っておられます。

　しかし、神さまは、私たちが、「愛とは……」というメッセージを絶えず心と思いの中に留めつつ、それを目標とし、鏡とし、励みとして、完全な神の愛を目指して成長し続けることを願っておられるのです。

長い間日本のプロテスタント、特に福音派のキリスト教会でリーダーのお一人として尊敬されて来られた羽鳥明先生は、Ⅰコリント13章に関して、このように書いておられます。
「私の尊敬する先輩のクリスチャンＳ夫人は、毎朝３回コリント人への手紙13章を読まれます。第一回目はそのまま、第二回目は愛のところに自分の名前を入れて、第三回目には、愛のところにキリストのお名前を入れて。このことが、その夫人の、慕わしい、イエス様の香りに満ちた人格と決して無関係でないことは言うまでもありません」と。
　私たちも、同じように、ここに示された愛の姿を真剣に追い求めたい。それは明日の私たちの姿でないかもしれない。しかし、私たちが真剣にこの愛の問題と取り組むなら、主のご聖霊の働きにより、５年後、10年後、20年後、30年後の私たちの姿は、必ず、そして、確実に違っている。この愛の姿に近づいています。

第8章

「教育と愛」

　人間の本性は「善」であるか「悪」であるか？
　人間の本性は「善」であるとする性善説と、それを「悪」であるとする性悪説の対立は古くて新しい問題ですが、キリスト教は性悪説に立脚しています。
　人間を怠け者ととらえ、その本性は「悪」であると決めつけ、一方的に操作し、人間をつくりかえようとする人の態度には、どうしても傲慢が宿りやすいものです。しかし、幼子を持つ親であれば人間の本性は「悪」であると容易に実感することです。親が子どものしつけや教育に無関心だとどうなるでしょう。ことの良し悪しの判断ができるようになったころには、迷惑な行為には叱ったりもしないと、わがままで将来社会からスポイルされる大人になってしまうのでしょう。つまり、大人が愛を持って幼児期から子どもに接してあげないと、嘘をついたり盗みをして迷惑かけても平気、悪人となるという点で人間の本性は「悪」なのです。もし周囲の愛から取り残され大人になって一旦人格障害や適応障害が形成されてしまうと、その障害の修正には多大な労力が費やされなければいけません。人間はしてもらっていない事はして返すことは出来ません。学んだ事以外は出来ないようになっているからです。
　中国の戦国時代の思想家・荀子も「人乃性悪　其善者偽也」＝人の本性は元々悪で善の行為が出来るようになるには教育・修養といった後天的なものによるのだという性悪説を唱えました。

ではいったい人格はいつどのように形成されるのでしょうか？　その人格形成の過程で、どのように障害がもたらされるのでしょうか？

　幼児期の親との関わりがとても大事で、大きく影響します。性格は、持って生まれた「気質」というものと成長段階での「経験」により作り上げられます。

　子どものサインに適切に応じる親に育てられると、人を信頼してすぐに仲良くなれる、「安定型の性格」となります。

　サインに応えてもらえないと、人に頼りたがらない「拒否型」、親が気まぐれに応えたり応えなかったりすると人に依存する「とらわれ型」となると推論されています。

　このスタイルは恋愛スタイルにも影響し、昨今のおひとり様ブームや、結婚を願望する割合は以前と勝るとも劣らないくらい高率にもかかわらず未婚率が30％を超え、さらに高くなる現状に反映されています。

　エリクソン[注16]はフロイトの発達論から、独自の精神分析的な発達論を展開しました。

　フロイトは人の発達を性的関係から捉え、心理を生理学的観点から捉えました。それに対してエリクソンは、人の発達を社会や人間関係から捉え、そこから、エリクソンは人生を乳児期から老年期までの8段階に分けて考えた発達理論を発表しました。

　その8段階のなかにそれぞれの発達課題【人生の課題】があります。エリクソンは各発達段階で克服すべき課題を危機（crisis）と呼び、課題の項目と危機的項目の対立する2つの項目を提示しました。

　8つの発達課題と危機的項目は、「基本的信頼」対「不信」、「自律」対「恥と疑惑」、「自発性」対「罪悪感」、「勤勉」対「劣等感」、「同一性」対「役割混乱」、「親密さ」対「孤独」、「生殖性」対「停滞」、「自我の統合」対「絶望」です。

乳児期

　自分を世話してくれている人との間で、不安にさいなまれることなく自分が愛されているんだという実感を得る期間。スキンシップが重要と

なる。これに失敗すると、自分で自分を愛せないこととなり、後の発達に大きな影響を与える。

　赤ちゃんは泣くのが仕事といいます。人見知りして泣くことはいけないことでしょうか？　否、決してそうではないのです。赤ちゃんが母親との間に愛着形成ができていると、他の人に会うのが不安になる。人見知りをするのである。人見知りをするのは、愛着形成ができている証拠というわけです。愛着形成ができることで、安心の拠り所ができ、それに伴って言葉、知能や社会性などいろいろな発達が促されます。

幼児期前半

　自分の意志でコントロールすることを覚える、心的な自信が芽生える。これに失敗すると、自分に対して確信が持てず、不信を持つようになる。

幼児期後半

　自分で考えて自分で行動することを覚える。好奇心などからいたずらをしたりもする。なので、大人は行動ではなくその動機を大事にすべきである。これに失敗すると、自分から何かをやることはいけないことだと罪悪感を覚えるようになる。

小学生時代

　やればできる、という経験をし、がんばることを覚える時期。大人はがんばった、ということを大事にすべきである。これに失敗すると、何をやってもダメなんだと劣等感を抱くようになる。

思春期〜青年期

　私は誰（Who am I ?）との問いかけに、自分は自分であるということに気づく時期。第二次性徴をきっかけに、正確な自己像を発見することによって、自分はこうなりたい、こうである、という自我同一性（アイデンティティー identity）を確立する、また、やりたいことを、そのすべてをすることはできない、という全能感の否定も起こる。ここで獲得したidentityは、その後も随時修正されるため、identityの獲得、そしてその維持は生涯の課題である。なお、この時期は社会的なさまざまな義務からまだ逃れることができる時期なので、猶予期間（モラトリア

ム）とも呼ばれる。これに失敗すると、将来に関する展望が開けないなど、identityの拡散が起き、問題となる。

成人前期

　特定の1人と親密に付き合うようになる。それは、異性、同性を問わない。相手を尊重しあうことを覚える時期でもあるので、相手が自分に合わせてくれないからといって相手のidentityを否定してはいけない。相手の存在そのものを愛する時期である。これに失敗すると、特定の1人と付き合うことによって、自分をなくすのではないかと不安を覚え、その場から逃げるようになるため、孤独が起きる。

　昔に比べて、発達障害の子どもが多くなった、人格障害（personality disorder; PD）や適応障害の大人がいたるところにいると感じませんか。人格障害は現代日本の社会現象として、日毎に蔓延している一種の症候群と言っても良いかもしれません。今の日本の社会の居心地の悪さ、希薄でぎすぎすした人間関係、出口の見えない閉塞感などが相俟って、そうしたものを生み出しやすい培養基となっています。

　病的なレベルまではいかなくても、対人関係において他人との適切な「距離」が取れずに、いたずらに利己的になり、また攻撃性を露わにするような、まわりの人間からすれば、何を考えているのかよくわからない「付き合いにくい人」「変わった人」「困った人」「ちょっとおかしな人」は確実に増えています。さらに、そんな人たちとの人間関係に振り回されて、それまで順調だった人生が一転してしまった人や、煩わしさのあまりに精神的に変調を来した人も多く見られるようになりました。なぜでしょうか？

　これらの障害は、脳へのダメージによって起こります。MRIなど精密な脳の検査で明らかな器質的障害が検出されることもあるでしょうし、詳細な検査でも異常がない場合もあるでしょう。出生前後に起きることが多いですが、人格障害は脳梗塞後遺症などによる高齢者でも見られます。確かに、晩婚化が進んで高齢出産の割合が増える一方で、医療は進歩し昔は死産となっていたケースも未熟児として生を受けることが可能

となりました。その半面、1キロにも満たない未熟児は長い保育器生活を経て発育したものの、肺の発達が悪く肺炎を繰り返すといった身体的な障害のみならず、脳の障害から心の問題を残すことがあります。このような妊娠や出産時の一過性の酸欠など胎児期での避けられなかった先天的脳障害に加え、髄膜炎やひきつけ（熱性けいれん）を繰り返すことなどによる幼児期の後天的な病気によっても起こります。最近は、精神科病院は認知症などで自制のきかなくなったお年寄りの長期入院が多くなってきています。

　一方、脳に器質的な障害がなくても、親との関わりに問題があり、心の問題をきたすことがあります。エリクソンの各発達段階で危機克服の失敗によって、不信感、劣等感や罪悪感に苛まれて、寡黙かと思えば、それが急に爆発してしまうといった人格障害も少なくありません。具体的には、夫と離婚し苦しい家計を必死に支えようとするも仕事や育児のイライラをつい幼児にぶつけてしまう母、親として人間的に未熟で暴力的な継父に虐げられる子。失業中の父が母になじられアルコール中毒となって飲酒ばかり、喧嘩の絶えない両親の元でおびえながら暮らしてきた子。もってのほかですが、親が不倫やギャンブルに夢中で子どもの教育はそっちのけ、両親が不仲など、理由はさまざまです。

　さらに、同じマンションで近くに誰が住んでいるか分からない、ゲーム機世代の親も子どもも周囲との交わりが希薄では、社会による軌道修正・浄化作用も機能しません。昔は体験を通していろいろなスキルを獲得していて、発達の凸凹、特に凹が目立ちませんでした。しかし、最近は核家族化、親との密着の低下、地域からの支援の低下や遊び環境の危険回避から、乳幼児期から五感を働かせて得た体験が貧困なため、習得したスキルが少なく、自己コントロールの不良、社会性・対人関係能力の弱さ、特異な行動やアマノジャクな言動などの発達の凸凹が顕著となったのです。

　発達障害、人格障害や適応障害は、先天的な、または、幼児期などの後天的な脳へのダメージによって起こります。しかし脳には可塑性があ

り、幼児期からの関わりによって十分修復可能なのです。その代表的なものが、左利きです。人は元々右利きです。本来、人間は左脳優位で支配する右半身の方が発達し右利きとなるのですが、胎児が出産時の酸欠や髄膜炎などで脳に損傷を受けると代償的に右脳が優位となり、右脳が支配する左半身の方が発達するのです。このような器質（身体）的な修復力は高く自然治癒力が働きます。機能的（心理的または精神的）な修復にも自然回復力がありますが、多くは時間がかかります。

　例を挙げると、自閉症スペクトラム（Autistic Spectrum Disorder; ASD）では、その修復すべき期間に周囲が適切な対策が立てられていないまま、二次障害が生じています。ASDの子どもには、自己コントロールの不良、社会性・対人関係能力の弱さ、特異な行動やアマノジャクな言動などの特性があります。その特性によって失敗体験を繰り返し、周囲の間違った障害理解、固定観念・偏見や誤解から叱責、からかい、無視やいじめの対象となってしまいます。その結果、自信・意欲の喪失、不安感情、人間不信や疎外感（孤独）を生むこととなります。

　発達障害のある子どもは、発達障害であるがゆえに困難にぶつかります。周囲が適切な対策が立てられず支援がないまま、新たな障害が生じます。これが二次障害です。

　発達障害のある人は、周囲に溶け込めない悲しみ、努力してもできない苦しさ、周囲の状況を把握できない不安、自分を制御できないもどかしさや、どう振る舞ったらいいか分からない困惑といった、状況に苛まれています。それにもかかわらず、その欠点を怒られたり、いじめの対象となったりするために、二次的に自己愛を持てず卑下するばかりで、自殺などの自傷行為やうつ病などの精神障害に陥ることがしばしばあるのです。

　「私には、周囲に溶け込みにくい悲しみや、どう振る舞ったらいいか分からない困惑がつきまとう」といった対人関係能力の弱さなど、まず自己の気づきが大事です。さらに、両親や周囲の方がここを理解し適切に接することができれば、二次障害さらには精神障害に陥らずに済むので

す。しかし多くの場合、自己の気づきがない上に周囲の支援を受けられないままでいるのです。その結果、学童期以降となって、心理面、行動面や学習面すべてにおいて問題が噴出してくるのです。心理面では、自尊心・自己肯定感の低下、不安障害（パニック障害、社交不安障害、強迫性障害）、気分障害（うつ状態、躁鬱）、適応障害、身体表現障害、解離障害、摂食障害や統合失調症様状態を生みます。行動面では、反抗的、暴力、非行、性的逸脱、不登校、自傷やひきこもりといった形で現れます。学習面では、学習意欲の低下、学習の遅れ、退学です。

　ではいったい、昔より多くなった人格障害の方とどう付き合っていったらよいのでしょうか？

　人格障害には、・まわりの人と馴染もうとしない。一緒に喜んだり悲しんだりできない。・訳も無く怒り出す。・変な趣味や好みを持っている。極端な性的嗜好異常がある。・自分の自慢ばかりしている。・すぐばれるウソを平気でつく。ありもしない悪口を言いふらす。・ひとの話を聞かない。・意地が悪い。嫉妬深い。・出身をひけらかす。・潔癖すぎて、融通が利かない。・金銭的にけちくさい。・変なオカルトを信じきっている。・態度や意見がころころ変わる。自分では何も決断できず、いつも責任転嫁する。・疑り深い。他人の親切を素直に受け入れない。・すぐ暴力をふるう。弱者を虐待するなど、いろいろのタイプがあります。

　できることなら、円満で円滑な人間関係を持ちたい、人間関係のトラブルは避けたい——これは誰しも願うことです。しかし、いざそうした人たちと関わりを持たざるを得なくなったとき、どうでしょう？　職場でも学校でも家庭でも、こんなタイプの人が自分のまわりにいたら、誰だってうんざりするでしょうし、付き合いにくいと思うに違いありません。「付き合いにくい人」「変わった人」「困った人」「ちょっとおかしな人」たちと、きちんとした「距離」をとって付き合っていくことが必要となります。さもなければ、対人関係におけるトラブルによって、自分自身の心の健康が失われてしまうことだってあり得るのです。身も蓋も

無い言い方に聞こえるかも知れませんが、最終的には自分の心の健康は誰も守ってくれない、自分自身で守るしかないのです。

一方、多かれ少なかれ、私たちは誰しもこのようなキャラクターを持ち合わせているのです。あなたは自分では気付かないまま家族や友人、部下、同僚などに不快な思いをさせたり、迷惑をかけていないかと問われたときに、自信をもって「NO」と言えますか？　それでは、どのように対処すればよいのでしょうか。

「自分に気付かせるきっかけをくれた」こう考えてみてはどうでしょう。「人のふり見て我がふり直せ」と昔の人はいいました。他者とは自分を映す鏡だということです。人間誰しも、自分の心の中にあるマイナスの要素を認めたがらないものですが、たまたま誰かから指摘されたりしたときにも、むきになって否定したりせず、謙虚に自分を振り返る姿勢を持ち続けることが大事です。

あなたにとっての、「付き合いにくい人」「変わった人」「困った人」「ちょっとおかしな人」たちの存在は、あなた以外の人があなたに対して思っている（かもしれない）「付き合いにくい」部分です。「ちょっとおかしな」部分に気付くきっかけを与えてくれてありがとう。そう、「人のふり見て我が心を知る」大切な機会を与えてくれた、自分自身に改善の機会を与えてくれたと感謝し、悔い改めることがあれば実行することです。

うつ病や自殺は、その時代の社会の問題ではないし、本人だけの問題でもありません。これは乳児期の親とのかかわり方から始まる持続的な問題です。だれにもかまってもらえず、また愛してくれる者もいない人を想像してみてください。そのような人はおそらく、世界で最もみじめな人でしょう。

人々はなぜ自殺するのでしょうか。誰にも愛されていない、自分すら自分を愛せない、死んだほうがましだ——という考えが心に忍びこんだ場合が、ほとんどなのです。

フロイトは人間が生きて行くために必要なものは「信頼」「愛情」で

あるといいました。中でも信頼を「基本的信頼」と呼び、生まれて直ぐの母子関係の授乳の行動から形成していくものであると精神発達論で述べています。そのため、フロイトは幼児期前期を口唇期と呼びました。本来、求めていく母を信じ、与える母は子どもを絶対裏切りません。

　そんな簡単な行動でしっかりした信頼が作れるのに、一部の母親は「与える」ことではなく「押し付ける」事しか出来ません。その結果、十分な対応が出来ない為に「信頼」が身に付いていないのです。最悪の場合、自然から離れて一見安泰に思われる動物園の中の、ストレスからでしょうか、育児放棄する象やチンパンジーの母親のようになっているのです。

　精神分析では、元々人間は認識能力や表現力がない真白なものであり、神さまから与えられ本来持っているものは「摂取」という「対象から摂り入れる」ということしか出来ないので、対象である母親が与え続けることにより、自然に摂り入れ身に付けて行くものであると規定されています。お釈迦様が仰る、因果の法則「善因善果」です。善なる行為を続ければ善なる結果が得られます。母親が子に快楽・満足を与えるという行為行動から、子どもには自然に出来る善行が身につくのです。

　この「与える」はずの母親が「押し付ける」ようでは、子どもに「信頼」が身に付かないのは明白です。発育し大人となっても、何かを言う前から、拒否されたとき自分が傷つかないような予防線を張った言い方を考えてから言います。そこではきっと、すごく頭を働かせているはず。しかもそれは非常に疲れるでしょう。

　ストレートに感情や言葉が出せない結果、周囲に溶け込めない悲しみに包まれ、周囲の状況を把握できない不安と、どう振る舞ったらいいか分からない困惑に苛まれ、努力の方向性を見失いさまよっている姿が現代人にうかがえます。そのような状況の大人には、カウンセリングや心理療法といった治療を施さなくてはいけないのです。基本的信頼がないまま育った大人には何の気遣いも、心配もなく思ったことがそのまま言えるようになってもらうことが必要です。カウンセリングや心理療法の

現場でその練習をしてもらい、思ったことをそのまま出すことはいいこと、心地よいということを体験してもらうこと、それには人との信頼関係がなにより大事になります。最初にこの信頼関係を築くことに時間が費やされるといっても過言ではありません。

　心を許し、何でもいえる関係を作ること、それは本来子ども時代に親、特に最初は母親と学習することです。フロイトがいう口唇期における基本的信頼を学ぶことです。それがないところからスタートするため、このような大人はカウンセリング対象者というよりは教育対象者であり、母に成り代わって育てていく過程が必要となります。会話を重ねていくと、最初は「はい」と「いいえ」さえも聞こえないくらいの小さい声と、言葉しかでなかったのが、長文で答えてくれるようになり、それはまるで、子どもが言葉を覚えていく過程と同じです。

　一方で、幼児期後期から学童期に過干渉になっていないでしょうか？　この時期のエリクソンのいう危機克服の失敗は具体的には次のようなものです。子どもの好奇心からくるいたずらに対しても、親は「動機」を大事にすべきにもかかわらず、しつけと称して怒ってはいませんか。子どもに自分から何かをやることはいけないことだと過剰なまでに罪悪感を植え付けていないでしょうか。

　小学生時代、やればできるという経験をし、がんばることを覚える子どもに、大人はがんばったという過程を大事にすべきにもかかわらず、「1番でなければビリと同じだ！」とプロセスをほめずに結果だけをとらえて怒る。こんなことでは、何をやってもダメなんだと劣等感を植え付けるだけになっているのです。ついつい子どもを怒ってしまう、それは仕方ないと済ませてよいのでしょうか。そこには、貧困や生活苦、今の社会が抱える課題が潜んでいるのは間違いありませんが、実際には大人本人の問題といってよいでしょう。親になる心構えができないまま親になった、競争第一のなか心の成長がないまま子どもを持った親の稚拙さが原因なのです。

　思春期・青年期は10歳から30歳に延長したと言われます。それは、か

らだの成長の加速現象の一方で、一人前になるまでの養成期間が延長したことによります。

これまでは、13歳くらいから22歳くらいまでを「思春期・青年期」と呼んでいましたが、最近では、からだの成長・発育の加速現象により、10歳前後に初潮を見ることも珍しくなく、思春期の発現が早まってきています。一方、高度な知識や技術を必要とする世の中になるとともに、独立と責任を社会から問われる年齢が年々高くなっており、現在では、思春期・青年期は10歳から30歳までが一つの目安となってきているのです。

社会構造が複雑となり価値観が多様化し、技術の進歩により機械は複雑となりました。多様な価値観に対応し、仕事に必要な知識の習得と技術の熟練までに膨大な労力と時間がかかるようになっています。その結果、いわゆる一人前といわれ自立した立場となるまでのトレーニング期間がとても長くなっているのです。30歳をこえて、いつまでたっても仕事の自由裁量権が与えられず、上司に叱責されながら指導を受け続けるのは苦痛です。このような社会の中で、子育てと仕事のバランスをとれなくなった家庭が徐々に増加しました。さらに、契約社員や非正規採用といった、雇用の不安定も加わり、若者は最も大事とは知ってはいるがストレスがかかる子育てを避けるようになり、未婚・晩婚化が定着してきたのです。加えて高齢になった母体は妊娠や出産に耐えきれず、早産による未熟児も当たり前にみられるようになりました。その一方で、医療は進歩し二昔前は流産となっていた子も救われるようになりました。しかし、出生時の障害のためさらに子育てに手がかかる皮肉な結果となっています。

青年期は、本来社会的なさまざまな義務からまだ逃れることができるモラトリアムなので、クラブ、バイト、恋愛や学業などにおいて失敗しても大した問題ではありません。むしろ失敗を通して反省し大いに学び、将来の成功の礎にすべき重要な時期です。それにもかかわらず、周囲は若者の失敗を何十年たってもあげつらい、情報化社会の中で永遠に攻め

続ける。その結果、若者は失敗を恐れ、恥をかきたくないとひきこもり、挑戦しなくなりました。このため、失敗もしないがそこから立ち直った経験も少ない青年が、大人になっていざという時にうまくいかないとすぐに崩れ去ってしまうのです。

　親に反論せずに従順な子どもが大きくなって、「なぜあの物静かな子があんな凶悪な犯罪を！」ということがあります。幼児期から青年期の親からのスパルタや抑圧で、学業やスポーツで成果を挙げる人もいます。しかし、受験で失敗したり、スポーツ選手としての夢が叶わなかったりした時、将来の展望が開けず反社会的な行動で自分の存在感を示そうとidentityの拡散が起きることがあります。幼児期からの指導という名の暴力的な抑圧は、反社会的な行動で爆発するのです。実際に、車の暴走行為で事故死する、非行、犯罪や薬物へと走って、身を滅ぼしてしまうことも比較的身近に起きているところではないでしょうか。

　エペソ６章４節に、父親が子どもを愛することを実践するときに、どうしなければならないかが書かれています。

　「父たちよ。あなたがたも、子どもをおこらせてはいけません。かえって、主の教育と訓戒によって育てなさい」

　ところが、父親は「自分にしてほしくないこと」を、子どもに押し付けることが多いのです。こうして、〈子どもをおこらせる〉状況が、慢性化するのです。この〈おこらせる〉（パルオルギゾー）という言葉は、「充満する」（オルギゾー）の意味を強くした格好になっています。

　「感情の突然の爆発よりも、定着したまま沸き上がってくる怒りの感情」です。（織田昭編『新約聖書ギリシア語小辞典』教文館）

　父親に対して、子どもがたまたま不快な感情をもって爆発するような単純な「怒り」ではなく、日頃から父親の態度に慢性的に持っている秘められた、持続的な「怒り」を指しているのです。この「怒り」が恐ろしい破壊的な爆発となるのです。なぜ、肉親でありながら、こんな状況にまで立ち至るのでしょうか？　それは、「自分にしてもらいたくないこと」を子どもに押し付ける無神経さがあるからなのです。

会社で、やたらと威張って自分の優位さをひけらかす上司が嫌いになった経験が誰しもあるはずです。ところが、無神経にも、家庭の中でこの嫌な人を子ども対して演じていることに気が付かない、このような状況です。このような鈍感さが親子断絶の伏線としてあるのです。
　境界性人格障害（boarderline PD; BPD）などの発達心理学上の傷を負った子どもの場合、自分の自立を妨げた母親や父親に対する慢性的な怒りを持っていることが分かっています。
　子どもは、言葉（論理）ではその怒りを表現できないのですが、自立を妨げた親の仕打ちを直感して、感情や暴力の爆発を起こすことがあるのですが、親の側としては、なぜ自分の子どもがこんなに荒れているのか、分からないことが多いのです。
　相変わらず、いじめが問題になっています。先日政府は学校のいじめ対策に学校にカウンセラーなど人員を何千人配置し何十億円予算化すると発表しました。カウンセラーの配置でいじめはほんとうになくなるのでしょうか。
　このような対策は、中国で肺がんが増えているから健康診断の機会や外科医を増やして抗がん剤の予算を計上するのと同じです。大気汚染という原因を取り除き環境を改善しなければ、何の意味もないのです。金儲け第一で環境汚染はそっちのけ、高度成長期の日本と極めて類似しています。
　いじめの問題は、成長期の問題とその根っこは同じようなものです。自分が勝たないと生きていけないから、弱い立場の者を徹底して攻撃しようとするのです。その根底にあるのは、競争に勝つ者だけが生き残れるという考えです。
　いじめを何とかして欲しいと訴えながら、一方では他の子よりもいい成績を願う親。その根底に共通してあるものが見えているでしょうか。
　ノートルダム清心学園の渡辺和子シスターが次のようにお話しされております。
　毎年３万人、一日約90人の日本人が自殺しています。

あるときアイドルの自殺をきっかけに、若者に自死が立て続けにおこりました。その時に「命は大切だ。命を大切に」というキャッチフレーズのTVコマーシャルが頻回に流れました。

　その時死のうかと途方に暮れていた少女が、「何千何万回そう言われるよりも、誰かに、『あなたが大切だ』と言われたら、それだけで生きていける」その後、自分の価値に目覚めたその少女は、「最近になって、この言葉の意味を実感しました。どんどん丈夫になっていきます」と言っています。

　「若い人たちが小学校中学校を通して９年間も義務教育を受けて、命は大切と聞きながら、こんなにも自分の命を粗末にしている。人の命も気軽に殺(あや)めているのはなぜだろう？」

　つまり、「命は大切だ。命を大切に」というのはきれいなスローガン、ステートメントであって、どちらかというと私たちの頭の上を通り過ぎていってしまうものだからです。

　今の子どもたちが、本当に求めているのは、「あなたが私にとって大事なのですよ」と抱きしめてくれる、血の通ったあたたかい愛情である。それを受けていない子どもたちが、いともたやすく自らの命を絶つということもありうるのではないかというのが答えです。

　渡辺和子シスターは、英語の勉強もままならず、米国人が通う夜学の仕事に慣れず、自身を失いかけていました。ある日、上司の神父様が「あなたは宝石だ」と話しかけてくれたそうです。

　自信を失いかけていた渡辺シスターは、どうでもよいと思っていた自分がどうでもよくなくなり、石ころだと思っていた自分が、宝石になれるかもしれないと、自分の価値に目覚めました。

　「一人の方が私のことを宝石だと言ってくれた」

　「わたしの目にあなたは値高く、貴く、私はあなたを愛している」（イザヤ書43：4）

　という御ことばを、神父様が自分の言葉でおっしゃってくれた。

　それまでどうでもよかった私が、どうでもよくない私に変わりました。

一人の方が私のことを「宝石だ」と言ってくださった。私には宝石になる可能性があるのだ、そう思ってから私はそれまでよりも生きる勇気を頂き自信を持ったと思います。

　愛する人がいると、そこに愛された人が生まれます。愛された人が、それまで自分が気づかなかった、自分の愛らしさ、良さ、価値に気づいて、愛情飢餓から脱して、「愛してちょうだい。愛してちょうだい」という気持ちから自由となり、今度は他の人を愛することができるようになります。そして愛された人がまたそこに生まれます。一人の人が誰かを愛することによって、愛がこの世にどんどん増えていき、「愛があふれゆく」という言葉が実現します。

　それでは、誰が一番最初に愛されなくても愛することができたかと言うと、それは神さまです。愛そのものにまします神さまが、愛されずとも愛することができ、その愛を受けて私たちは他の人を愛することができるようになります。

　勉強ができようができまいが、器量が良かろうが悪かろうが、どういう大学に合格しようが不合格であろうが、一切かかわりない。
「あなたがた一人一人がかけがえのない、たいせつな一人なのですよ」
という教育です。

　その愛を最近の親御さんたちは、お金やもの、海外旅行や塾通いなどで、代えようとしています。

　子どもたちの心を満たす愛は、抱きしめてもらえる愛、「あなたは私たちの宝石だ」「あなたは私たちの宝だ」という、その愛なのです。

　高校のクラブの先輩が、体の弱い後輩にわざと聞こえるように「体が弱い奴がいるだけで迷惑だ！」と嫌味を言いました。退部を促すためです。

　その少女は「人間は、価値があるから生きているのではなく、生きているから価値がある」と心の中で答えました。その通りです。

　この少女の周りには「あなたは宝だ。あなたは私たちにとってかけがえのない大事な人なのだ」という大人たちがいたに違いありません。

この「生きているから価値がある」、私たち一人一人の心の中に刻まれているでしょうか。「生きているだけで100点満点」という気持ちを取り戻さなくてはいけない。
「わたしの目にあなたは値高く、貴く、私はあなたを愛している」イザヤ書（43）
「あなたがた一人一人が神さまの宝です。神の御身に貴いのです」
「人間は神の栄光を現すために、神が作られた」
　あたたかい微笑み、それだけで、漲（みなぎ）る価値があるのです。
　戦後の日本人は、金儲けを最大の目的に、資本家は会社を大きくし、どこよりも競争力を付け、仕事に精を出しました。
　労働者は、労働の傍ら労働運動に精を出し、賃金アップを求め労働条件の改善を訴えてきました。そして60年経った今、中国に抜かれたものの世界第3位の経済大国として、豊かな日本を作り上げました。
　しかし、ここへ来て、日本人は、物質的な豊かさだけで幸せを勝ち取ることができないことに気が付き始めてきました。就職難民、離婚、シングル、フリーター、ニート、失業、いじめ、学級崩壊、虐待（小児、配偶者や高齢者に対する）、独居老人、孤独死……。いずれも、他者との関係を円滑にする術を身に付けていない日本人が溢れだしてきた結果です。
　大人も子どもも、男も女も、住みにくい世の中になったのは、物がないからではなく、人との関わりが希薄になったからです。
　親は子どもを大切にせず、子どもは親を尊敬せず、老人は介護施設に任せっぱなし、小さい子どもを保育所に預けっぱなし、夫婦は共稼ぎで接する時間がなく、子どもは塾で家族の団らんがない、これでは人間関係が希薄になるのは当たり前です。
　学校、教育の現場でも同じことです。職員は会議ばかり、生徒指導は説教ばかり、平和教育という名の自虐史観教育、学業成績オンリーの人物評価など、これでは、子どもと教員、子ども同士の人間関係が希薄になるのも無理はありません。学校内の秩序が乱れ、いじめや不登校が増

えるのは当然の帰結といえます。
　翻って、現在の日本の状況といいますと、現在の日本に、あふれる数の労働者が都会にはいません。煙と煤にまみれた過酷な労働者が多くいるわけではありません。（企業戦士と呼ばれる過酷な仕事に従事しているサラリーマンは少なくないですが）労働運動も下火になり、食べる物も着る物も豊富にあります。まさに豊かな時代です。子どもたちに十分な教育もされています。ほとんどの若者が幼稚園から小学校、中学校、高等学校の14～15年もの長期間に公の教育を受けています。
　にもかかわらず、人々のモラルが低下し、拝金主義、快楽主義といった退廃的な風潮が蔓延しています。
　かつての日本には武士道という教育があり、奉仕（滅私奉公）といった精神にある教えと同様のものがありました。なぜ、それが消えてしまったのでしょうか。なぜ、豊かな社会になったのに、日本に拝金主義といった価値観が膨張しているのでしょうか。「衣食足りて礼節を知る」と言われる『論語』の教えのようになぜならないのでしょうか。
　これだけ世の中が豊かになり、物があふれている日本社会に、19世紀のイギリスの労働者のような貧困さを訴える価値観が蔓延するのは可笑しいはずです。拝金主義も快楽主義も、人間に欲望がある限り、限りなく欲するものです。現在に日本人を覆い尽くす拝金主義を拡大させた犯人は、戦後の公教育ではないでしょうか。蔓延する拝金主義はどこからくるのでしょうか。
　拝金主義が戦後の日本の社会（特に若者）に広がった一つの理由は、宗教教育を排除したことではないでしょうか。
　宗教の自由のもと、あらゆる宗教に共通な普遍的な、知らなければいけない思想をも教育から排除してしまいました。宗教教育は、他者への愛の心を教えています。それをまったく行わなくなれば、利己的な人間になるのは当たり前のことです。
　「愛の反対は、無関心」マザー・テレサの仰った言葉です。
　人は、身体的・心理的に健康でいるためには愛が不可欠です。誰かか

ら自分を大切にしてもらっていると感じられることは大切です。わたしがここに存在していることを認めてもらっていることは必要なのです。

　人は、一人ぼっちでは生きていけません。小窓付きの真っ白な部屋で、誰にも会わずどれだけ耐えられるか？という実験があります。ほとんどは３日でリタイアしてしまったそうです。

　人は、一人ぼっちでいると愛飢餓に陥って生気を失ってしまいます。ちょっとした声かけ。子どもの頭をなでる。肩に触れる。わたしはあなたがここに居ることを認めているよ！とプラスの愛を発して下さい。ストローク（そこに居ることを認める行動の全て）は生きて行く上で水、空気、食べ物と同様に重要です。

　1920年代、オーストリア生まれでアメリカで活躍する学者ルネ・スピッツのホスピタリズムの以下の研究で、そのことが証明されました。乳児院にて次の２つの環境があります。

　　A＝清潔、世話が行き届いている、抱っこしない、目を見ない（タッチストロークなし）

　　B＝不潔、Aと同程度の世話、抱っこする、あやす（タッチストロークあり）

　その結果、Aはほとんど死亡してしまい、Bは元気に育ちました。ストロークの欠如に対して最初は泣いて訴えますがやがて相手を求めなくなり（目を合わせない）、食欲がなくなり、免疫力が低下してしまいます。これは「愛情剥奪症候群」と呼ばれています。

　この様にストロークは人が身体的、心理的に健康でいるためには不可欠なものです。

　ストロークは大きく次の２つに分かれます。肯定的ストローク（受け手は気分がよい）と、否定的ストローク（受け手は気分が悪い）です。

　さらに、それぞれに２つのパターンがあります。条件付きストローク（行動について与えられる）と無条件ストローク（存在認知について与えられる）です。

　人は、何も無くてもあなたの存在はOK！という【無条件の肯定的ス

トローク】を求めています。得難いストロークですがこのストロークを手に入れる時期もあります。例えば、乳児期や恋愛期のような時です。

しかし、やがてその無条件の肯定的ストロークが、条件付きになると虚しさを感じるようになります。

"よその子より、早く何かが出来たらいい子だね"

"もっと美味しい料理が出来ないの？"などなど……。

【ストローク飢餓】になると否定的ストロークでも欲しくなります。人の嫌がる事ばかりしてストロークを得ようとします。なぜなら条件付きの肯定的ストロークを貰うのはハードルが高いからです。

それに対して、【条件付きの否定的ストローク】を貰うのは簡単です。悪いことをすれば、すぐに貰えるのですから……そのため癖になりやすい性格を持っています。

一番辛いストロークは【無条件の否定的ストローク】です。存在自体を認めてもらっていないので、何をしても認めてもらえません。無視・無関心は生きる力を奪うのです。

ヘレン・ケラー（1880〜1968年）は、アメリカの教育家・社会福祉事業家で、三重苦という絶望的な状況から蘇生して世界中の人々に感動と勇気を与え続けたことで知らない方はいないでしょう。障害を背負いながらも、世界各地を歴訪し、身体障害者の教育・福祉に尽くしました。

もう一人の奇跡の人は、ヘレンの教師アニー・サリバンです。地下室でただ死を待つしかなかった少女がアニー・サリバンです。ヘレンの世界的偉業を、サリバン先生が創りだしたということは今や万人が認めている所です。

では、そのサリバン先生を創りだしたのは、何なのでしょう。ヘレンとサリバン先生の業績だけを見ていると、なかなか気づかないのですが、しかし、その成功の「真の生みの親」は何なのでしょうか。

ヘレンは２歳（生後19か月）のときに高熱にかかり、医師と家族の懸命な治療により、かろうじて一命はとりとめたものの、聴力、視力、言葉を失い話すことさえできなくなりました。このことから、両親からし

つけを受けることの出来ない状態となり、非常にわがままに育ってしまいました。

　1887年、彼女の両親アーサー・ケラーとケイト・ケラーは聴覚障害児の教育を研究していたアレクサンダー・ベル（電話の発明者として知られる）を訪れ、彼の紹介でマサチューセッツ州のウォータータウンにあるパーキンス盲学校の校長アナグノスに手紙を出し、家庭教師の派遣を要請しました。派遣されてきたのが、同学校を優秀な成績で卒業した当時20歳のアン・サリバン（通称アニー）でした。

　アニーは、小さい頃から弱視であったため（手術をして当時はもう見えていた）自分の経験を生かしてヘレンに「しつけ」「指文字」「言葉」を教えました。おかげでヘレンは、諦めかけられていた「話す」ことができるようになりました。その後、彼女は約50年にもわたってよき教師として、そして友人として、ヘレンを支えていくことになりました。

　彼女は1866年4月14日アイルランド移民の農民トマス・サリバンとアリス・クロージーの娘として生まれました。3歳の時、目の病気トラコーマにかかります。9歳のとき母親が亡くなり、結核によって身体が不自由になった弟のジミーとチュークスバリー救貧院へ移り住みますが弟はすぐに亡くなり、アニー自身も目の病気の悪化によって盲目となりました。

　その後、幾度かの手術を受けやっと視力が回復し、アニーはボストン盲学校を卒業しました。そして足の悪い弟を亡くした悲しい過去も背負っていました。アニーは目が悪いが、ヘレンはその上に耳が悪い。従って話もできない。つまり、三重苦でした。アニーはヘレンへの教育にすべてを奉げようと決心したのです。

　一人の清掃員の方の話です。彼女の働く病院の地下室には、「緊張型分裂症」とよばれる10歳の少女の患者がいました。何にも反応を示さず、ただ暗い地下室のベッドにうずくまっているだけ。少女は、「回復の見込み無し」とされていました。世界から見放され、一言も話さず、胎児のように丸まったまま動こうともしなかったのです。とても愛らしい少

女だったのですが、今や日々痩せ衰えていくばかり……。

　そんな中、そのおばさんとの出会いが少女を待っていました。彼女は毎日、少女の個室の周りを掃除しにやって来ていました。そして、食事をドアの下のすきまから、ホウキの柄で押して中に入れます。彼女にも歳の近い娘がいたせいか少女を不憫に思いますが、そこはただの清掃員、もちろん何もしてあげることはできません。

　そこで彼女は、せめてそこを去る前に、ホウキの先でその少女を優しく、そっとつついてあげることにしました。「ねえ、あなたはひとりじゃないんだよ。少なくとも、ここに気にかけている人間がいるんだよ」と、意思を伝えるためです。清掃のおばさんには、この程度のことしかできませんでした。ホウキの先ほどの、ほんのちいさなちいさな愛。せめてそれを注ぐしかなかった。その程度のことしかできなくても、ただ伝えたかった。そのかわり、くる日もくる日もホウキの先でその少女を優しくつつき続けました。

　そして、何週間か経ったある日のこと。小さな変化が起こりました。ただ死を待つばかりだった少女が、なんと自分の手で食事を受け取るようになったのです。さらに時が経つにつれ、少女は座ることもできるようになり、清掃員のおばさんと話をすることができるまでになったのです！　こんなことって、ありえるのでしょうか!?

　偉いお医者の手では、完全にお手上げだったのに……？　こうして少女は、奇蹟ともいえる回復をとげることができたのです。

　それから何年か経った、あるうららかな春の日。その精神病院の院長は、アラバマ州のひとりの紳士から、ひとつのお願いをうけます。その紳士の子どもも極度の障害児で、世話をしてくれる人を探しているというのです。その奇跡的な回復を遂げた少女は、20歳になっていました。院長は、その彼女を紳士、ヘレンの父に紹介したのでした。

　アニー・サリバン、ヘレン・ケラー共に、世界で知らない人はいないでしょう。入院していた病院の清掃員さんは名前も残っていないことでしょう。しかしながら、このおばさんがホウキでつついてくれなかっ

第8章　「教育と愛」

ら、アニー・サリバンは教師として存在しなかったでしょうし、ヘレン・ケラーとも出会うことはありませんでした。さらに、世界中に勇気と希望を与えることができなかったのです。

　自分は何もできないと思っている人は多いはずです。でも、もし、清掃のおばさんのようなちょっとした優しい気持ちが、優しい行為が人類史を変え、世界をも変える、そんなことができるのです。このような名もなき優しさの積み重ねで今が成り立っているのです。私たち一人一人が、ほんの少しでも良いから周囲に関心を持って、小さな親切から始めることが、より幸せな社会に結びつくのではないでしょうか。

高等教育での愛とは……。

　教育education、その語源は"ed=ex（外に）"「引き出すwithdraw」ということです。つまり、その人の中にある本来持っている力を引き出す手助けをするものです。

　じっと待って学生が自力で理解するには時間がかかる、忍耐を要する、教育はすぐに芽が出ないので、寛大な心が必要です。

　解答を示し頭ごなしに詰め込ませることは簡単ですが、逆に本人に解答を導き出せるまでヒントのみ与え周囲が辛抱することで本人の真の実力が養われることは衆目の知るところです。教育こそがまさに、愛の働きかけの第一線、実践場です。

　真の教師に出会うのは、時代の昨今、洋の東西を問わず、むずかしい。本当の教師はさまざまな角度から能力を自覚する契機を与えてくれる人です。外からの働きかけによる変化を誘導することの重要性を強調されています。

　「大学は教師の感化力なくしてその機能を果たしえない、感化力のあるところにこそ生命あり」と近代医学教育の祖オスラー博士は語っています。

　スピノザの素朴な問いに「ものを考えるにあたりわれわれは暗闇のなかをひとり手探りで進まなければならないのか。それともその暗闇のな

かには道案内がいるのか。また道案内は可能か」と、教師の必要性を考えたものがあります。

「われわれの目的はこの答えを解明することである」と、彼なりにこの問いへの答えを見つけ出した。

　スピノザは、教育の理念を「教師はみずからの消滅を目指して活動せよ」と述べています。「医者が必要悪 necessary evilで、健常者に予防医学を周知できれば病気が発症せず患者がいなくなる。治療が不要となり医者の存在が不要になる」のと同じです。

　その理由を、「人は自分の経験したことしか本当には理解できない。社会人になっていない人には社会人のことはわからないし、主婦には主婦の、夫には夫の、学生には学生の、フリーランスにはフリーランスにしかわからない状況や辛さもある。そして、考え方もみんな違う。生きてきた経験で、自分が正しいと思えることでさえ、今の自分の考えが、何十年後かに成長したとき変わることもあるように」と説明しています。

　もしかすると、そういう点では真の教師は生身の人間とは限りません。書物である場合も多いでしょう。風景かもしれません。一皿の料理かもしれません。ある見知らぬ人間の態度かもしれません。飼い犬かもしれません。犬が教師になるかもしれないというのは隠喩でも皮肉でもありません。

　人が犬などのペットを飼うのは、本能という自然にしたがういさぎよい態度に魅了されるからです。動物はいつも今を生きています。来るべき時間に起きることを想像して心配したりしません。過去を振り返って悩んだりしません。つねに今を受けとめて生きています。空腹ならば食べ、空腹でなければ餌に見向きもしない。素直に本能にしたがい、恥じることもない。欲望を明瞭に露出する。それでいて、自分だけよければいいという態度をとらない。喜ぶときは素直に喜ぶ。しかし、多少の我慢とあきらめも知っている。彼らは真っ直ぐに生きているのです。

　人間もまたそういう生き方にあこがれている気持ちがあるから、ペットを飼うのです。ペットの癒しというのは、自然に生きることを見せて

くれるからなのです。
　その意味で、一匹の犬でさえも、わたしたちの良き教師になりえるのです。もちろんそこには、人間が押し込めているものを解放してくれるという働きがあります。これこそ、教師と呼ばれるものの最大条件ではないでしょうか。
　しかし現代の教師たちというのは、人間に似たいくつかの動作と反応を身につけた機械のようなものかもしれません。彼ら自身が何も知っていないのに、指導要領に忠実にしたがってあたかも多くを知っているかのようにしゃべり振る舞い、そればかりか、他人の子どもに点数までつける。そこにあるのは虚偽と偽装と傲慢かもしれません。
　それは今に始まったことではないようです。19世紀に生きたニーチェは幾度も教師の真偽について書いています。
「良い教師は、教え子が教師に逆らって子ども自身に忠実であることが自分にとっての誇りだと知っている」
「真の教師ならば、教え子の能力を解放してくれる」
　社会のシステムがいよいよ巧妙に緻密になるほどに、何事においても真偽がわかりにくくなるものです。
　誰が正義をわきまえている弁護士か、誰が自分にしか興味のない政治家でないのか。誰が詐欺師ではない保険屋なのか、誰が人間としてまともな教師なのか。おそらく、自分の能力を問われたくない者だけが資格が必要な職業につきたがるのでしょう。
　なぜならば、資格は全身を隠して余りある大きなマントになるからです。教師の資格試験に受かったから教師であるというのはおかしい。社会システムがそうなっているから、システムが内実まで保証していると考えるのはまったく逆さまのニセ論理です。
　だから、教師の試験に受からないのに教師たるべき人物も少なくありません。資格などのシステムは内実や能力までを見通す目など持っていません。システムをいくら充実させたとしても、かえって多くのことがブラックボックスになるだけです。生身の人間が関わる事柄は絶対に機

械化できないからです。

　本当の教師とは相手の能力を開かせてくれる者です。つまり、知識をマニュアル通りに教え、知識の暗記度合いをテストすることしかできないのは本当の教師とはいえません。

　本当の教師はさまざまな角度から能力を自覚する契機を与えてくれる人です。知識など二の次にすぎません。日陰に押し込められている能力を解放さえさせてくれれば、必要な知識などはおのずと吸収されてくるものだからです。

　よくない指導はいつの時代も満ち溢れていますが、指導の最終的な責任は受け手側の自分にあります。

　教師には従うべきであるが、それは教師としての相手に従うのであって、権威者として相手に従うのではありません。教師を次々に変えてはならないが、うまくいかない状況を単なる惰性で我慢するべきではありません。

　最近の医療現場を例にとってみると、病気のメカニズムの解明が進み、医療が高度化し、検査方法や治療法の理解に多大な知識が必要となり、習得しなければいけない技術も膨大となっています。近代医学の祖、オスラー博士は「患者を診ずに本だけで勉強するのは、まったく航海に出ないに等しいといえるが、反面、本を読まずに疾病の現象を学ぶのは、海図を持たずに航海するに等しい」と、知識と経験の両者を重視しています。知識や技術が必要なのは、科学が進歩した現代のあらゆる現場で共通していることです。

　一方で、オスラー博士は「人間愛のあるところに、医術への愛もまたある。つまり病人のなかには、自分の病気が非常に危険であると察知していても、人の親切に感謝する気持ちをもつことによって回復に向かう人たちもいる」と、知識への愛（哲学philosophia）や技術愛（philotechnia）のみならず人間愛（charity）の大切さを訴えています。

　人を病気やその苦痛から解放するためには、その病気のメカニズムを詳しく正確に理解し、習熟した技術がなければ、患者は死ぬのです。人

間愛が深く、命を救おうという気持ちが強ければ強いほど、「知や術」に対し勤勉に修錬を重ねるのは自然の摂理です。

若者は「人や患者に親切にする」を心の拠り所として、今後の試練に立ち向かえば、立派で豊かな実りとなるのです。そのためには、人と比べるのではなくて、自分自身にある軟弱さや甘えと闘って、高い志を実現するために日々がんばることが大事です。

志、自分を愛するということで大事なもの。

「歓喜の歌」を書いたシラー（1759～1805）は、「人間を偉大にするも、卑小にするも、その人の志である」と言う。

「せまく低く小さな目標や、近くて安全な目的地しか望まぬ者は、遠く危険の多い、そして険しくも高い目的地を持って日々悪戦苦闘する人間に比べると、一見安定し幸福そうに思えるかも知れぬが、自分の能力を鍛え、研ぎ、発揮するという点においては雲泥の差があろう」

クラーク博士は、札幌農学校に着任すると「この学校に校則はいらない。Be Gentlemanで十分である」と、全学生に聖書を贈呈し、讃美歌を歌い祈ることから授業を始めました。

「Boys, be ambitious」

「多年、暗雲のような東洋諸国民を覆っていた階級制度や因習という束縛から、これら諸国民を自由にしたこの驚くべき解放（明治維新）は、これより本校で教育を受けようとする学生諸君の胸中に、おのずから高邁な大志を呼び起こすであろうと信じている」

クラーク博士の在任僅か8か月で、内村鑑三・新渡戸稲造ら、近代日本の黎明期のキリスト教界、学界、政界を指導する有為な人物が輩出されました。

あるとき一人の説法学者がイエス様に尋ねます。

「すべての掟の中で何が大事ですか？」

イエスはお答えになります。

「心を尽くし、精神を尽くし、思いを尽くして、力を尽くして、あなた

の神である主を愛しなさい。これが第一の掟である」
　そして、第二の掟は、
「隣人を自分自身のように愛しなさい」
　イエス様はここで、「隣人を愛しなさい」とだけおっしゃらないで、「あなた自身のように」とおっしゃいました。
　それはつまり、「私たちが自分を愛することができなければ、人を愛することもできない」といっていいかと思います。
　自分を愛するということは、自分だけがいい思いをしようとする、得をしようとする利己主義とは決して違います。むしろその正反対で、損をしている自分、人と比べてパッとしない自分、惨めな自分、そんな自分を「これが私だ」と受け入れて、自分をいじめたり蔑んだり、嫌ったり愛想を尽かしたりしない、そういう人のことを指します。
　私たちは三つの対話を交わしながら生きていると言われます。
　神との対話、人との対話、そして自分自身との対話です。
　自分を愛するという時に、私たちは自分に向かって「お前本当に馬鹿だなー。あんなことを言って、あんなことをして。我ながら愛想が尽きる」
「でも、私が見捨てたら他の誰もお前を拾ってくれないんだから、私はお前を見捨てないよ。これからも仲良く暮らしていこうよ！」という、温かい会話を自分と交わせること、それが自分を愛するうえでとても大切なことです。
　私がもし嫌いな人や軽蔑しかできない人と24時間一緒にいなければいけないとしたら、つらい思いをします。ところが、24時間自分が好きな人、自分と仲良くできる人、つまり自分自身と生きることができたら、機嫌も良くなり、たぶん寂しい思いもしないで、仲良しの自分と仲良く暮らしていけるのではないでしょうか。その意味でも、私たちが自分を愛することには、自分を好きになることが大事です。
　私たちの中には、二人の自分がいます。一人は、ありのままの有機体としての自分。ですから、病気もすれば齢も取る。時には感情が激して

思いもよらない言動や態度を取る。これがありのままの自分。有機体としての自分。

　もう一人の自分というのは、「こうあって欲しい」「人からそう見て欲しい」自分。自画像と言っていいかもしれません。だから、感情的に激することがない。齢をとっていても「お若いですね」と言ってもらえる自分。または、賢い人と思ってもらえる自分、と言ってもいいかもしれません。

　そして、ありのままの自分と、人様に見てほしい自画像との間のギャップが大きいときに、とても不自由になります。なぜかと言うと、自分の本当の姿をさらけ出すことができない。隠さないといけないことがたくさんあるからです。「あの時はだれだれがこうしたから……」と、言い訳が多い人になります。

　もしデートから帰ってきて「あー疲れた」と感じたなら、結局、普段着の自分ではなくて、"よそ行き"の自分でデートしているから。相手に気に入ってもらえる目的で、普段は使わない言葉を使ったり、しないしぐさをしたり、ふだんは勉強していない話題を知ったかぶりをして話をする結果、疲れてしまっている。

　普段着の自分でいるということは、決して荒削りで汚れたままでいることではありません。その普段着をこざっぱりと洗い、アイロンをかけた服を着て、どこへ出ても恥ずかしくない自分としている。しかも、一人一人が自分のなるべき姿、あるべき自分に向かって成長しなければいけない。その成長していく自分の姿を、偽ることなく正直に出す、それを自画像として他人様に見ていただく。「まだまだ私はこんなに不十分、不完全ですが、これが私です」ということです。

　もう一人の自分、理想とする自分はどのような姿ですか？
「こうあって欲しい」「人からそう見て欲しい」自画像の自分とは！

　志を強く持ち、それに向かってがんばっている自分は、本当の自分が見ても、外見ではなく内面から、うつくしくかがやいているに違いありません。

「真の優しさは、決して弱さや軟弱さではなく、自分自身と闘っていられる強さである。それに裏付けられているものです」

第9章

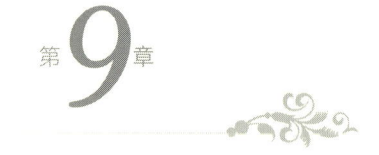

「結婚と愛」

　「愛」の一文字を兜に掲げた直江兼続は、いとこ結婚で血が濃すぎたためでしょうか、3人の子どもに先立たれています。
　子に先立たれる親の悲しみほど強いものはありません。家庭の上でもそんな苦しみの中で、その妻お舟に、「そなたはいつも、わしを励まし、勇気づけてくれた。わしは、ほんに良き女子を妻とした。ありがたいと思うておる」と、なかなか言えるせりふではありません。
　仏教では、愛とは「愛欲」をあらわします。それは、執着心の最たるものであり、悟りをさまたげる煩悩の根本原因として、否定的な意味にとらえられてきました。そのために、悟りを開こうとする者は愛を遠ざけ、日本ではまともに議論されることもなく現代にいたっています。
　昨今の恋愛ドラマ、小説にみられるストーリーは、真実の愛といえるのでしょうか。愛しているなんて言っても、一緒にいたいなんて言っても、欲望であったり、結局は、寂しさを紛らわす、孤独の痛みを拭うための口実にすぎないのではないでしょうか。
　仮に真実の愛からスタートしても、人は幸せに慣れてしまうと、それだけでは満足できずに、もう一段上の幸せを求めてしまいます。
　職場や人間関係のトラブルの傷をなめ合う、相手に同情されたくて、相手に依存しきっているのではないでしょうか。それぞれが独立した存在として生きることができていないために、愛し合っているという言葉でごまかした、相互依存が形をかえた別の姿ではないでしょうか。

多くの場合、「恋愛中」ならイザ知らず、よっぽどのことがない限り、愛のことで苦悶したり、悩んだり、苦闘したりすることもありません。結婚式のメッセージの時間が終われば、もう二度と、そのことは考えようとはせず、ただもっと実際的、実利的と思えることしか考えないものです。確かに、「愛とは何か」と語られて、「あ、そうですか」と言って、実行するといった簡単な問題ではないことは皆さんご存知の通りです。

欧米の映画を観ているとよく出てくる結婚式のシーン。神父や牧師の前で厳かに誓いを述べる新郎新婦は、いったい英語で何と言っているのでしょう。

"I, (Bride/Groom), take (you/thee) (Groom/Bride), to be my [opt: lawfully wedded]
(wife/husband), to have and to hold from this day forward, for better or for worse, for richer, for poorer, in sickness and in health, to love and to cherish; and I promise to be faithful to you until death parts us."

「新郎(新婦)となる私は、新婦(新郎)となるあなたを妻(夫)とし、良いときも悪いときも、富めるときも貧しきときも、病めるときも健やかなるときも、死がふたりを分かつまで、愛し慈しみ貞節を守ることをここに誓います」

恋愛中は恋は盲目のたとえ通り、お互いの良いところを認め合うのですが、結婚後はさらに愛を成長させなければいけません。

結婚を機会に、恋から愛へ、愛は忍耐へと、愛とは確かにポジティヴなものではなく受動的なものと気づかれている方も多いのではないでしょうか。さらに、今の時代、人は皆、自分を養うことで一杯です。皆、「何かご利益を」と「受ける」ことを求めています。

しかし、「受けるより与える方が幸いである」とキリストは言います。「互いに愛し合うこと」が、結婚生活の基本です。しかし、この「愛する」とはどういうことでしょうか？　聖書では4種類の愛があり、それぞれ使い分けられています。

四つの愛——本能の愛・心情の愛・良心の愛・存在の愛について
（1）「本能（恋愛）の愛」＝愛されることを求める愛
（2）「心情（家族の愛・親友）の愛」
（3）「良心の愛」
（4）「存在の愛」

「愛」と呼ばれているものには、いくつかの種類があります。ここで4種類の「愛」について、考えてみましょう。

第1の愛は、性欲や性愛などに見られるような「本能の愛」です。これはギリシャ語で、エロスと呼ばれる愛です。この言葉は、聖書には出てきませんが、これはきわめて本能的な愛といえるでしょう。

愛されることを求める愛かもしれません。相手にばかり求める故に、いつも「〜してくれない」と不満がつのっていきます。夫婦が互いに「〜してくれない」と言い合うようになる時、その夫婦関係は下降してゆくばかりです。エロスの愛だけでは、結婚生活は成り立ちません。

第2の愛は、親子の間の愛情や、夫婦愛、兄弟愛、師弟愛、恋愛、友情などに見られるような「心情の愛」です。新約聖書の原語であるギリシャ語では、この愛をフィレオといいます。

これは感情、または心情的な愛で、「好き」「いとしい」「かわいい」などの気持ちを伴います。心情の愛は、自分にとって大切なものを愛し、いとおしむ愛です。

以上の「本能の愛」および「心情の愛」は、だれもが生まれつき持っている、ごく一般的な愛と言えるでしょう。自分がこれだけやっているんだから、相手もこれくらいのことをしてくれるのが当たり前、これがフィレオの愛です。

当たり前と思えば相手への感謝の気持ちは出てこず、自分の期待通りでない時は、不満ばかりが大きくなります。これでは本当に幸せな家庭生活を築くことはできません。

つぎに第3の愛は、聖書の教える「隣人愛」に見られるような良心の愛です。新約聖書の原語ギリシャ語では、この愛をアガペーといいます。

アガペーの愛は、好き嫌いの感情をも超えた愛です。相手が好きな人物であろうと、たとえ嫌いな人物であろうと、その人を愛するのです。その人に対して最善となるものは何であるかを考え、相手が誰であろうと善を行うのです。

この愛は、敵をも愛する愛となることができます。当然受けるべきものさえ要求しないで、一方的に与える愛、これが聖書で「互いに愛し合いなさい」と言われる愛です。自分がおかれている場（家庭）で、自分に与えられている役割（使命）は何かを考え、相手がどうであれ、まず自分がそれを果たしていく、その愛を土台として幸せな家庭が築かれていくのです。

「自分を愛してくれる者を愛したからといって、何の報いが与えられるでしょう」（マタ5：46）

「わたし（キリスト）は、あなたがたに言います。自分の敵を愛し、迫害する者のために祈りなさい」（マタ5：44）

「もしあなたの敵が飢えたなら、彼に食べさせなさい。渇いたなら、彼に飲ませなさい。……悪に負けてはいけません。かえって、善をもって悪に打ち勝ちなさい」（ロマ12：20-21）

と聖書に記されています。悪に対しても善をもって報いる——これは、好き嫌いの気持ちをも乗り超えた「良心の愛」です。

また「良心の愛」は、聖書で「真理への愛」（Ⅱテサ2：10）と呼ばれている愛でもあります。良心の愛は、永遠的真理、また神の真理を愛するのです。神の御教えを尊び、それを守ろうとします。こうした良心の愛を持つようになるためには、心の眼が開かれる必要があります。

最後に、第4の愛は、神ご自身、およびキリストの持っておられるような存在の愛です。

これは、存在しているだけで愛を感じさせるような愛、または存在そのものが愛であることです。

人は「人の姿（スキーマ）」を捨てて、「神の姿（モルフェー）」を求めます。これが原罪であり、高慢なのです。人が〈神のようになる〉の

は幻想でしかなく、そこには破壊しかありません。

　しかし、人間でも、「その人がそばにいるだけで心が温まる」と思えるような人がいます。この人には「オーラがある」とよく言います。これは、有名人やスポーツで活躍している人への単なるほめ言葉として最近の流行語になっていますが、実際はどうでしょうか？　有名人でなくてもあなたの周囲を見渡すと、「なにも語らなくてもにこにこしているだけで場が和む」と思える愛にあふれた人が身近にもいますよね。

　確かに、人は神の創造物なので、このように感じる人がいても不思議ではありませんが、神はそれ以上に「共におられるだけで幸福を感じさせて下さる」おかたです。こうした愛を、「存在の愛」と呼びます。

　それは「神の愛」を表すのに最もふさわしい言葉です。

　「神は愛なり」（Ⅰヨハ4：8）──この聖書の言葉は、神の存在そのものが愛である、と言っているのです。

　創造主なる神、および救い主キリストは、私たちの幸福の源であり、命の泉であって、存在そのものが愛です。愛のかたまり、全身全霊が愛である、と言えましょう。この「存在の愛」は、愛の中でも、最も崇高な人格だけが持てる愛です。

低い段階の愛は捨てるのではなく……

　「愛」にはこのように、大きく分けて4つのものがあります。そしてその間には高低の差と、段階があると言ってよいでしょう。

　しかし私たちは、第1の「本能の愛」を捨てて第2の「心情の愛」に進み、さらにそれを捨てて第3の「良心の愛」に、また第4の「存在の愛」に進むべきだ、と説くわけではありません。

　仏教の開祖釈迦などは、第1の本能の愛を「捨てよ」と説きました。仏典を読むと、釈迦はかなり口を酸っぱくして、「決して性交をしてはならない」と何度も弟子たちに説いています。性欲は、修行と成仏の邪魔である、と彼は考えていました。

　お釈迦様は弟子たちに、いかなるかたちであれ、すべての性交渉を禁

じました。未婚の者には結婚を禁じ、結婚している者には出家をさせました。そうでなければ成仏は不可能、と考えていたのです。

　また中国の僧、天台・智顗（ちぎ）は、出家者に性欲を捨てさせるために、女性を「汚らわしいもの」と見るよう教えました。愛欲の心が起きるのは、女性の美しいところばかり見るからで、女性を「糞尿の塊」と見れば愛欲の心は起きない、と説いたのです。

　キリスト教はどうでしょうか。キリスト教では、「性欲を捨てよ」とは必ずしも説きません。もし人類から性欲がなくなってしまったら、人類は滅びてしまいます。

　キリスト教では、結婚の中での性は良いもの、という認識があります。性は神が造られたものであり、神からの賜物だと考えるのです。実際、初代教会において、クリスチャンになった人々に、「独身生活を続けよ」とか、「結婚生活を破棄せよ」とか、求められることはありませんでした。

　キリスト教が禁じているのは、ゆがんだ形の性なのです。

　性は神の良き賜物であるがゆえに、その本来のかたちを人がゆがめるならば、それは大きな罪とされます。しかし本来のかたちが尊ばれている限り、性は決して罪ではありません。

　このようにキリスト教では、第1の愛である性愛などの「本能の愛」を「捨てよ」、とは説きません。説くとすれば、むしろ、「清められた本能の愛を持ちなさい」ということなのです。

　キリスト教神学では、性交は子どもをさずかるためのものだから快感を求めるべきではない、としました。

　一方、ニーチェは、本能を欲望と明確に区別した上で、本能こそ人間の最大の理性だと考えました。快感の喜びがあるからこそ、受精が起こるのである。そういう行為こそ愛し合うことである。

　本能も含めて全身で愛し合うからこそ、人間は生命を維持し、今までつないでこられたのである。それが本来の人間的な喜びである。命をつなぐためにのみ人を根底から動かしているものである。

第9章　「結婚と愛」

第2の「心情の愛」についても、同様です。
キリスト教では、心情の愛を「捨てよ」、とは説きません。心情の愛は、私たち人間に当然備わっているもので、本来良いものです。親子の間の愛情、兄弟愛、師弟愛、恋愛、友情などは、いずれも美しいものです。
大切なのは、これらの愛を捨てることではなく、むしろそれらを純化し、ゆがみなきものにすることでしょう。

私たちは神の愛によってより高い愛に目覚める

さらに「心情の愛」を、単に人を愛するそれらの愛だけにとどめるのではなく、私たちはもう一歩進むべきです。
つまり、「魂の真の親」であるかたへの愛に目覚めてほしいのです。魂の親である神を心から愛する心情愛にまで、至ってほしいのです。
私たちは、神を愛する心情愛に至るときに、さらに高い段階の愛に進むことができます。人は神への愛を持つようになると、その心には自然に、次の第3の愛である「良心の愛」がわき上がってきます。
「良心の愛」──「隣人愛」や「敵への愛」は、好き嫌いの感情を超越しているために、人間的な思いだけでは実行が難しいものです。
それは愛なる神からの御助けが必要なのです。「隣人愛」や「敵への愛」は、神からいただかなければ、なかなか持てるものではありません。しかし私たちは神を愛することによって、この愛に目覚めることができます。
「隣人」とは、単に空間的に自分の近くにいる人々のことではありません。あなたに関わりのあるすべての人々、あなたの思いや知識の中にあるすべての人々をさします。
私たちは神を信じ、また努力を重ねるなら、少なくともこの「良心の愛」の境涯にまで達することが可能です。それは人間として達し得る範囲にあります。
多くのクリスチャンは、この愛に達することを求め、また得てきました。

さらには、もっと先に進む人々も出てくるかもしれません。愛を熱心に追い求めるならば、第４の「存在の愛」を感じさせるほどに高められる人も、出てくるでしょう。完全な意味で「存在の愛」を持っておられるのは、父なる神・救い主キリスト・聖霊の三位一体なる神のみです。
　しかし人間でも、愛の訓練を積めば、「この人がそばにいるだけで心が温まる」といった「存在の愛」を人々に感じさせるほどに、高められることはあるでしょう。
　つまり、「低い段階の愛を捨てて、高い段階の愛に進め」というのではありません。私たちは清められた本能愛を持ち、また純化された心情愛、強い良心愛、さらには豊かなる存在愛を、持つべきなのです。
　私たちは、これら４つの愛をすべて持つことを、最終的な目標にすべきでしょう。少なくとも、最初の３つ──清められた本能愛・純化された心情愛・強い良心愛は、自分の心に持てるよう努力すべきではないでしょうか。
　人がどの段階の愛まで持っているか──それがそのまま、その人の成長と心の高さを表していると言ってもよいでしょう。
　愛は、ある意味では薔薇の花に似ています。薔薇の花が幾重かの花びらによって成っているように、愛も、幾重かの層から成っているのです。
　花は、最初はつぼみで、しだいに内側から新しい花びらが出てきます。そしてついには幾重かの花びらによって構成された、美しい花となります。
　愛も同様です。「本能の愛」や「心情の愛」だけの人は、まだ「つぼみ」なのです。私たちはさらに進んで、内側から「良心の愛」また「存在の愛」に目覚めたいものです。
　薔薇の花言葉が「愛」であるのは、なかなかよくつけたものです。
　私たちは愛なる神を心に信じることによって、「良心の愛」また「存在の愛」に目覚め、愛の香りを放つ者になることができるのです。
　平成16年の中島美嘉のヒット曲「雪の華」の歌詞（作詞：Satomi）です。

「のびた人陰(かげ)を舗道にならべ夕闇のなかを君と歩いてる
手をつないでいつまでもずっとそばにいれたなら
泣けちゃうくらい

風が冷たくなって冬の匂いがした
そろそろこの街に君と近付ける季節がくる

今年、最初の雪の華をふたり寄り添って
眺めているこの瞬間(とき)に幸せがあふれだす
甘えとか弱さじゃないただ、君を愛してる
心からそう思った

君がいるとどんなことでも
乗りきれるような気持ちになってる
こんな日々がいつまでもきっと
続いてくことを祈っているよ

風が窓を揺らした　夜は揺り起こして
どんな悲しいことも僕が笑顔へと変えてあげる
舞い落ちてきた雪の華が窓の外ずっと
降りやむことを知らずに僕らの街を染める

誰かのためになにかをしたいと思えるのが
愛ということを知った

もし、君を失ったとしたなら星になって君を照らすだろう
笑顔も涙に濡れてる夜もいつもいつでもそばにいるよ

今年、最初の雪の華をふたり寄り添って

眺めているこの瞬間(とき)に
　幸せがあふれだす甘えとか弱さじゃない
　ただ、君とずっとこのまま一緒にいたい
　素直にそう思える

　この街に降り積もってく真っ白な雪の華
　ふたりの胸にそっと想い出を描くよ
　これからも君とずっと……」

JASRAC　出　1401684-401

　なにかしてあげたい。純粋にそう思えたら、それはきっと愛。愛とは何か。
　その答えの一つの形を示してくれた歌詞のように感じます。この主人公は、まったくもって多くを望みません。ただあなたと一緒にいる。それだけで溢れ出すくらいの幸せを感じるのです。
　人は幸せに慣れてしまうと、それだけでは満足できずに、もう一段上の幸せを求めてしまいます。
　しかし、彼女はこのままずっと一緒にいたい。それだけを願うのです。もしかしたら、この感情も時が経てば変わってしまうのかもしれませんが、少なくとも、一緒にいたいと思えるということは、重要な愛の証明だと思います。
　また、彼女は、一緒にいたいと思うわけですが、けして相手に依存しきっているわけではありません。自分の弱さを補うために（例えば、寂しさを紛らわす、孤独の痛みを拭うために）一緒にいたいと思っているわけではないし、また、相手に同情されたいわけでもないのです。
　自分というものをしっかり持って、また、相手を一人の人間と認めて、その上で一緒にいたいと言っているように思えます。
　一つになりたいと願うのではなく、それぞれが独立した存在として、愛し合っているのです。私がそう感じたのは、歌詞中に出てくる、あな

たのために何かをしてあげたい、という気持ちです。
　人はわがままです。結局は、愛しているなんて言っても、一緒にいたいなんて言っても、それは自分が幸せだからです。しかし、そうではなく、相手のために何かしてあげたいと純粋に願う気持ちこそ、本当の意味で相手を認め、相手を愛することであり、多くを語らなくてもその存在自身が、愛そのものということなのです。

第10章

「愛と自由」

「自由平等は人間の天賦の権利であり、社会のあるいは国家の秩序は、この基本的な人権に準じて維持されなければいけない」というフランス革命の思想は、キリスト教の根本原理に基づいています。

　さらに、ジェファーソンのアメリカの『独立宣言』のなかの文章、"All men are created equal."を、福沢諭吉は名著『学問のすすめ』の冒頭に、「天は人の上に人を造らず、人の下に人を造らず」と記しました。人間の魂は、神の前では自由平等であるというキリスト教の伝統信仰を離れて考えることができません。さらに、この自由を享受し自己を実現しようとする人は、必ず義務感と責任感とを伴うことを認識するでしょう。

　ノートルダム清心学園の渡辺和子シスターのお話です。

　あるところにドイツ人の家庭と日本人の家庭が隣り合わせで住んでいました。建売住宅のようなところだったため、隣の家の会話が入ってきます。ある日のこと、ドイツ人の母親が、日本人の母親に向かって、
「奥様、どうしてお宅では、中学生と高等学校の御子息に頼んで起きてもらっているのですか」
「ぼくちゃんたち、お願いだから起きてちょうだい。学校に遅れるから」
　という言葉が耳に入ってきます。

　そこで、日本人の母親が「お宅ではどのようにしていらっしゃるのですか？」と尋ねますと、ドイツ人の母親は、

「私の娘はまだ小学生ですが、目覚まし時計の使い方が分かったその日から、二人で目覚まし時計を買いに行き、翌朝から本人が自分で目覚まし時計をかけて起きるようにさせています。時にはかけ忘れることもありますが、わたくしは起こしません」

「なぜ？といえば、自分で起きると約束したことに対する、責任を取らせるためです。時には、目覚ましが鳴っていても、起きてこないことがあります。たぶん目覚ましを止めて、長寝をして寝過ごしているのだと思います。私も台所ではらはらしつつ、起こしたい気持ちは十分持ちながらも、それでも起こしません」

「なぜなら、娘は、目覚ましが鳴ったのを知っていた。でも、その目覚ましで起きることよりも、目覚ましを止めて長寝をすることを、自由に選んだからです。自由には必ず責任を伴います。子どもは幼い時から、この自由と責任について習わないといけないと思っています」と答えたそうです。

　ドイツ人、日本人の母親とも、子どもを思う愛情にはかわりはないと思います。

　ただ、日本人の母親はぎりぎりまで子どもを寝かせてやりたい、そして自分が学校に間に合うように起こしてやるという愛情です。

　それに比べると、ドイツ人の母親は、少し冷たいと思うかもしれませんが、わが子を一人格として育てていきたい。幼い時から自由には責任が必ず伴うことを、そしてその責任を取るのは、母ではなく自分でしかないということを学ばせたい、その愛情のあらわれだと思います。

　キリスト教では、人間は神の似姿として創られたと教えています。

「人間には他の動物に与えられなかった、理性と自由意思が与えられています。つまり、考える力と選ぶ力です。そして、教育とは人間が一人格に育っていくプロセスだといえます」

　第二次世界大戦後、日本でも人格とか自由という言葉が飛び交いました。その頃、フランスの哲学者のガブリエル・マルセルが「教育と自由」というテーマの講演をしました。その中で、人はみな人格だと言うけれ

ど、真に人格と呼ばれるべきは、自ら考えて判断し、判断に基づいて選択し決断する。自分がくだした決断に対しては、あくまでも自分が責任をとる。そういう存在に対してのみ言えることであって、付和雷同するようであっては、人間であっても人格とは言い難いとはっきり言っています。

　目覚まし時計の例のように、子どもがみずから考えて起きる時間を判断し、目覚ましをセットします。そして目覚ましが鳴った時に、すぐに起きるか、もう少し眠るかを選択して、選択の結果に対しては、他の誰も責めることができない。寝過ごした時には食事をとらないで学校に行く、その自由と責任を、つまり一人格のありかたをあらわしていると言っても良いでしょう。

　21世紀は便利、快適、スピーディーという言葉がぴったりです。そして、その結果、便利、快適、スピードを享受していますが、反対に忘れ物をしています。自分が思うようにならないことを、我慢すること、待つこと、そして許すことです。自ら自分をコントロールすることです。それを、最近は忘れはじめています。一方、携帯やインターネットの普及で、親や教師の目の届かないところにおり、誰とどのように接触しているのかわからなくなっています。だから、今の世の中に必要なのは、自らを規制する、セルフコントロールだと言えるでしょう。そして、したくてもしてはいけないことはしない。したくなくても、しなければいけないことはする。そして、しなければいけないことに優先順位をつけて、それに従う。このような正しい判断力と、誘惑に負けない強い意志の力が今の時代に必要になっています。

　この判断力と意志の力は、本来親が子どもに伝え、子どもに身につけさせる、家庭で育てていくべきものでしたが、今や親たちの中に、自由とは子どもに好きなようにさせることだと考え違いをしている親が増えています。したがって、教育の場で、生徒学生たちに判断力と意志の力をつけていかねばならなくなりました。

　今忘れられているのは「善く生きる力」ではないでしょうか。私たち

が育てる子どもたちは、生きる力をつけることはもちろんですが、その生きる力を間違ったことに使わない。「善く生きる」、人間らしく生きる、そういう子どもたちに育ってほしいと思います。

そのためには、21世紀の便利さ、快適さ、スピーディー、そういう世の中に、ある程度逆らっても、我慢すること、待つこと、そして許すこと、自ら自分を制御する。それを実行することが必要であると思います。「善い人は良いものを入れた心の倉から良いものを出す。人の口は心からあふれることを語るのである」(ルカ6：45)

一人格として生きるとき、人はその表情にも人格にも違いができてきます。そして、環境の奴隷ではなく、環境の主人として神の似姿として生きる。美しい一人格の姿が、そこに生まれてくるのです。

自由という言葉において、libertyという言葉とfreedomという言葉と二つの英語があります。

簡単に言えばfreedomは英語の本来の言葉で、libertyは仏語からの輸入語です。

英米人は、「自由」は英国で生まれた概念であると自負しているので、日常語としては、libertyよりもfreedomという言葉を好みます。「自由の女神像」はフランスから贈られたものなので、仕方なしにStatue of Libertyと言っています（それでも、なかには、Miss Freedomと言う人もいるが……）。

英国の批評家ハーバート・リードは、自由という言葉について、英国人は、この二つの言葉の意味合いの、あるいはニュアンスの相違を、はっきり感得して使い分けていると言います。

フランス人はリベルテという一語しか持っていない。フランスの実存主義者たちが、自由について、長たらしい、曖昧な議論をし、「自由自体によってしか制限されない自由」などと苦しい言い廻しをしているが、英国人ならfreedomと言えば、一言ですむところだと。

辞書を繰ると、libertyは、客観的な自由、制度としての自由で、社会的自由を表す言葉です。たとえば、奴隷制、人種や性などによって差別

を受けたときに、社会的な規制対象からの解放はlibertyを使用します。

または、占領されていた国が独立した場合もlibertyを使います。戦争、抑圧、束縛などから解放されて、人権が保障されること、これがlibertyです。いいかえれば、抑圧「からの」自由、差別「からの」自由であり、libertyは「～からの自由」といえます。

一方、freedomは、心情的な自由、精神的な自由で、主体的な自由です。独裁体制下でも、奴隷制度の下でも、禅の修行をすれば心の自由が得られます。これはlibertyではなくfreedomです。freedomは自分を取り囲む外の世界のことではなく、自分の心から発して、自分から追求するものです。精神の自由、思想の自由などは、自分からそれを求める自由、いいかえれば、「～への自由」といえます。

現代の人は、リバティーを与えられています。リバティーは市民の権利です。しかし、フリーダムという言葉は、そういう社会的な実際的な自由を指しません。それは、全く個人的な態度を指します。

フリーダムとはもともと抽象的な哲学的な語であって、フリーダムが外部から与えられるというようなことはありません。

与えられたリバティーというものをいかに努力して生かすかは、各人のフリーダムに属します。たとえば芸術家の、創造のフリーダムとはいいますが、創造のリバティーとはいいません。リバティーとはフリーダムという価値の基盤にすぎないのです。

米国人の友人に、儒教の"仁義礼智"を直訳でhumanity、justice、politeとacknowledgeと紹介したところ、すぐに返ってきたのは、アメリカの建国以来の精神であるfreedom、happiness、justiceとopportunityの４つの言葉でした。

気づかされたのは、確かに儒教における教えは、お上に都合が良い、下々の民衆を従え易い、江戸時代以来普及した思想ではないかという疑問でした。

民衆が勝ち得た自由 freedomというより、むしろお上から与えられた自由 libertyではないかと。江戸鎖国時代から開国へ、太平洋戦争敗戦

から復興へ、常に何もないところから欧米列強に追いつけと、政府と企業の共同作業のいう通りにしていれば間違いはなかった。お上、いわゆる体制に従っていればよかった時代は、freedomを享受せず、libertyの中に身を委ねておけば、束縛はあってもそれなりに不自由なく暮らせたのです。

　日本もフランス同様に自由という一語しかないのですが、libertyに慣れっこになっており、べつだん不便も感じていなかったのです。

　むしろ、自由を主張する人ほど、孤立を招いてしまうどころか、そのような人はつまはじきにされる傾向があったのです。そういう300年近く続いた日本の鎖国の歴史を背景に、日本ではfreedomという意識は個人の間では大いにあったが、社会的には育ってきてはいなかったのです。

　所属する組織への貢献や犠牲という、その拘束に縛られても、与えられるlibertyに甘んじれば、守られてきたからです。libertyという一語しかない方がよほど便利だったかもしれません。

　しかし、この10年の日本はどうでしょうか。すでに日本の生活水準は欧米と肩を並べるに至って、「政府や企業のいう通りにしていれば良い」ということが、通用しなくなってきたのです。グローバリゼーションの旗印のもと企業は短期評価にさらされた結果、終身雇用の正規雇用を最低限にし、非正規社員、契約社員という雇用形態に急激に舵をきりました。多くの企業はこれまでの伝統的な主従関係、個人とのlibertyな関係を放棄して、freedomを通り越していきなり無責任な放任へと変化させたのでした。

　確かに、戦後復興期、食うや食わずの時代に、人々を動かすのと比較して、物質的にすべてに満たされてきた今の人々を動かすのははるかに難しい。皮肉なことに、freedomに不慣れで日本的libertyに浸っていた人々は、企業から突き放されたと思い込み、放任状態の中にあって行き場を失ってしまっているのです。

　そもそもグローバリゼーションとはなんだったのでしょうか？　グローバリゼーションは日本では、何かよく分からないが、受け入れない

と大変なことになりそうだと、21世紀の黒船のようになっています。

　国際社会で生きていくのだから、そのルール、グローバリゼーションに従ったほうがよいと、とても曖昧なまま受け入れようとしている現実があります。

　多くの異なる民族、宗教、言語や文化が交錯する、人種のるつぼと言われる、多民族国家、米国で、多様な人々の中で受け入れられるように標準化した価値観です。そのため、見ていない人には評価しづらい努力のプロセスではなく、成果のみが評価されるようになったのです。

　日本から米国へ渡った日本人は、まずfreedomを実感します。会議では居眠りをしながら夜遅くまで職場にいる、形だけでも存在を示す（exist）式の日本流は、通用しなくなります。休日も休まず超過勤務を繰り返す結果、仕事は非効率的で、ミスをしてそのミスの尻拭いのために時間を費やしても、存在していることを示していればライバルにもプレッシャーを与え、上司にはいるな！と思わせれば、それで良いのが旧来の日本式です。

　一方、効率的に物事を進め、ミスを極力避ければ、時間に余裕ができ、その分を余暇や休暇に回し、より仕事の効率を高め、良い結果で存在を示す（identity）。米国では、勤務時間はフレックスで、休日も多い。効率よく物事をすすめ、結果さえしっかり揃えれば、週休２日半もロングヴァケーションも自由。その自由と引き換えに、自己責任を問われることになります。この自由を享受し自己を実現しようとする人は、必ず義務感と責任感とを伴うことを認識するでしょう。

　米国での正規雇用率は高いといわれ雇用が安定していると思われていますが、これは誤解です。正規雇用でも、雇用契約には、Unemployment should be announced 2 months before.という文言が入っているのです。２か月前、半年前などの若干の違いはあるものの、正規雇用でもすぐに首を切れる環境になっているのです。

　言い換えると、米国の法律では米国の正規雇用は日本でいう契約社員と同等の扱いなのです。この契約条項を排除するように交渉しても、解

雇通告の時期を2か月前からせいぜい半年前に変更をしても、この文言は絶対に省略されないのが米国の決まりなのです。

　そのような環境においては、自分のキャリアーをつけておかないと生き残ってはいけないので、薄情に思われるかもしれないが常に首を切られる前により良い条件へと、高いところから低いところへと水が流れるように、自然に人も動くのです。

　一方で、要領が悪く結果を残せないと、簡単に追い詰められ失業してしまうでしょう。あまりにもビジネス環境がドライなため、人は心のよりどころを求め、教会に自然と足が向かうのです。

第11章 「ニーチェの運命愛とキリスト教批判」

　近代の思想家フリードリッヒ・ニーチェは「キリスト的な愛や精神」を嫌い、これを「ルサンチマン」根性として厳しく退けました。そこには、西欧思想に対する過剰なまでの攻撃性が感じ取られます。

　ニーチェは日本では人気が高い。そして、ニーチェとともにキリスト教が信じるに値しないものと日本では理解されています。この現実に対して、これまで日本人クリスチャンは、ニーチェが行ってきたキリスト教批判に対して荒唐無稽、と応えることもないまま、黙殺しているような状況が長く続いていました。

ニーチェ	キリスト教	
Schwäche（弱さ）	Verdienst（功績）	
Ohnmacht（仕返しのできない無力さ）	Güte（善良）	
Niedrigkeit（恐れや卑屈）	Demuth（謙遜）	
Unterwerfung（服従）	Gehorsam（従順）	➡ Gott（神）
Unoffensive（非攻撃性） Feigheit（臆病）	Geduld（忍耐）	➡ Tugend（美徳）
Sich-nicht-rächen-Können（復讐できない）	Sich-nicht-rächen-Wollen（復讐したくない）	➡ Verzeihung（赦し）

「Schwäche（弱さ）がVerdienst（功績）に偽って塗り替えられる。それは間違いない。それによって、仕返しのできないOhnmacht（無力）がGüte（善良）となり、ビクビクしたNiedrigkeit（卑屈）がDemuth（謙遜）となる。さらに、人に嫌われる者たちへのUnterwerfung（服従）がGehorsam（従順）となる。これはすなわち、彼らがこのUnterwerfung（服従）を命令していると言っているところの一者に対するGehorsam（従順）である。この一者のことを彼らはGott（神）と呼んでいる。弱者のUnoffensive（非攻撃性）、つまり弱者が十分に持ち合わせているFeigheit（臆病）そのもの、戸口に立っていること、仕方なく待たなければならないということ、それがここではGeduld（忍耐）という美名で呼ばれ、またTugend（美徳）とも呼ばれる。Sich-nicht-rächen-Können（復讐できない）がSich-nicht-rächen-Wollen（復讐したくない）になり、そしておそらくそれがVerzeihung（赦し）とも呼ばれるのである。(『道徳の系譜』Ⅰ-14)』

　Sich-nicht-rächen-Können（復讐できない）がSich-nicht-rächen-Wollen（復讐したくない）になる。これがニーチェのキリスト教批判の第一の骨子です。
　「いい人間の『いい』とは何だろうかね。その『よい』とか『善』は何を基準にして言っておられるのだろうか。ひょっとしたら、世間にある道徳とかを基準に考えておられるのだろうか。だとしたら、その道徳はいったいどこから来たのだろうか。そして、どういうわけで、その道徳を基準と認めることができるのだろうかね」こういうふうに問い詰められることに、一般人は馴れてはいません。
　「善良な人間やキリスト教徒がいったい何を超克していないとニーチェは言うのでしょうか」
　彼らはこの世間にあるいっさいの縛りと枠組みを超えていないと言うのです。世間の縛りと枠組みとは、倫理や宗教道徳、社会道徳、善悪を含めた価値観いっさい、伝統、因習、既成概念、常識、等々のことすべてでした。それらはひっくるめて、事実上の現実世界となっているもの

です。その世界にいつのまにか屈伏してこぢんまりと暮らしている状況を超えて生きよと説明している。現在ある道徳や価値観のいっさいを超えるというのは、要するに自分自身で倫理道徳や価値観を創造して生きていくということです。

そして、それを日々実践していくこと自体が日々超人になることなのです。よって、超人の「人」とは「人間」という漠然とした概念ではなく、他ならぬ自分の中にも必ずいる、世間に合わせ暮らしている人間である「世人」を指している。したがって、超人とは「超世人」という意味になるわけです。

しかし、「なぜわざわざそんなことを」と思うのがふつうです。そんな超人にならなくとも、今の自分のままでけっこうではないか。あるいは、日々少しずつでも努力して、いい人間になるようにするだけでいいではないか。そう思うのがふつうのことです。

一般人はこのような考えには、馴れてはいません。ふつうの人々はいつもなんとなく世間に合わせて生きているからです。世間の価値観を疑ったりはしません。

しかし、ニーチェは世間にある価値観を疑いました。善悪と呼ばれる判断基準がどこから来ているのかを探しました。

そうして、ニーチェは世界への新しい見方にたどりつきました。彼が人々に超人たれと声高に言う土台には、その世界観があります。だから、超人は、世間一般に流布している既成概念・道徳・価値観などに従属せず、すべて自分で考えて判断していく人のことを指しています。

人生を愛さないのならば、生きている価値はない。人生はすでに始まってしまったのだから、人生そのものを愛するのが、人生を味わいつくすベストな方法である。自分の人生なんてと嘆く人は、今の人生から逃げたがっている人である。しかし、どこへ逃げようとするのか。熱狂へか。享楽へか。陶酔へか。安逸へか。癒しへか。あるいは死へか。しかしそれらもまた、死でさえ人生の中にあるのだから、人生から逃げることなどまったくもって不可能だ。人生はゆったりと全面的に享受する

しかない。自分の身に起こったいっさいの事柄を享受し、肯定する。これがニーチェの運命愛（amor fati　アモールファティ）です。
　ニーチェが守ろうとした強い人間の生とはどのようなものだろうか。「生そのものとは、本質的に他者や弱者をわがものにすること、侵害すること、打倒することである。すなわち他者を抑圧すること、自分の形式を押しつけること、同化することであって、ごく控えめに言っても、それは他者を搾取することである」（『善悪の彼岸』）
　ニーチェにとって強く生きるとはこういうことである。自分が自分らしく生きるためには、他者など関係ない。むしろ他者を押し倒し、彼らに自分の力を見せつけることである。キリストは「汝の隣人を愛せよ」と言った。しかし、隣人は愛の対象ではない。自分が生きていく上での搾取の対象である。本質的に他人などどうでもいいのだ。ここで愛だの道徳だのといったご託を並べる奴らなどひねり潰してしまえばいいのである。それがルサンチマン（怨念、妬み）から脱却した強い人、すなわち「超人」の特権である。
　主著『ツアラトゥストラはかく語った』で盛んに言われた「超人」とは己の生を最高度に肯定し、ひたすら自らの力だけで高みに登りつめていく人のことである。超人は善悪を越えたところを目指すのだから、彼を縛るいかなる道徳もない。社会的な束縛に縛られることなく、何でも自分の思う通りに行動するのが超人である。だが、社会のルールを無視（つまり他人を抑圧し、踏み台として利用）したらどのような結果をもたらすか。欲望のままに勝手気ままに行動すれば、普通ならそのことで社会的な罰を受ける。しかし、善悪を超越している超人はそんなことは意に介さなくていいのだ。なぜなら、この世はどうあがいても全て虚しいからだ。
　弱者のルサンチマン。弱い者が強い者に復讐する手段としてのキリスト教道徳。復讐できないルサンチマンが信仰の名の下に、あらゆる美徳の名で呼ばれ、いわば想像における復讐を果たします。
　ニーチェのキリスト教批判は的外れだ、と言って一蹴するのは簡単で

す。しかし真の信仰者は、自らの信仰をニーチェの批判にさらして自己吟味することを避けてはなりません。

　私の中にルサンチマンはないか？……ないはずはありません。人は皆、多かれ少なかれ苦汁を嘗め、人生の苦悩の中で希望の光を見出してきたのですから。

　私のルサンチマンはどのように解決されたか？　本当に解決されたか？　赦しなさいと言われて、仕方なく赦しただけではないか？　いや、赦したような気になっているだけではないのか？

　ルサンチマンの抑圧は、ルサンチマンを見えない闇の中で増大させます。「あんなに敬虔なクリスチャンがなぜあんなことを？」と言われる事件の背後には、必ずと言っていいほど、抑圧されたルサンチマンがあるのです。

　ニーチェの批判を不快に思う人ほど、気をつけなければなりません。その不快感は抑圧されたルサンチマンのありかを暗示しています。

　マタイの福音書に「貧しい人は幸いである。天国は彼らのためにある」という有名な言葉があります。この言葉は、貧しい者や無力な者、弱い者こそ神に祝福されるという意味ですが、ニーチェは、そこに無力な者が有力な者に持つルサンチマンが隠れていると指摘しました。

　実際、キリスト教は最初、ローマ帝国の奴隷の間に広まったものですし、キリスト教はさかのぼればユダヤ教を母胎として発展したもので、そのユダヤ教自体他民族によって滅ぼされたユダヤ人の間に広まったものですので、そうしたことからも、弱者の強者に対するルサンチマンが含まれているとしたのです。

　したがって、キリスト教の根底には、弱者（能力のない者・病人・苦悩する者）が強者（能力のある者・健康な者）を妬み、恨む気持ちが隠されているとニーチェは主張します。

　こうしたことからニーチェはキリスト教を「奴隷道徳」と批判し、そうした弱者に代表される、没落し衰退し滅んでいくべき存在に同情や憐れみを持つことは、人間の心の弱さから生じたものであり、自分自身を

弱者の地位にまで引き下げるとしたのです。言い換えれば、弱者への同情や憐れみは、人間が本来持っている「生」へのたくましい欲求（支配欲・権力欲・性欲・我欲など）を押さえつけ、人間を平均化し、無力化してしまうとしたのです。そこで、ニーチェは「神は死んだ」と宣言し、キリスト教的価値観を否定したのです。

「貧しき者こそ幸い」や、「病んでいる人は労（いたわ）らなくてはならない」、などの思想の全てがこの妬みを起因としていると彼は言っているのです。

これはどういうことかと言うと、簡単に言えば、貧乏人は貧しく、金の汚さを知らないから精神的に自惚れていない、病気の苦しみを知っているから人の痛みもわかる、というような言い分は、ニーチェによれば、弱者から見て都合のいい、弱者が優越感を抱ける唯一の手段であり、「負け犬の遠吠え」でしかないわけなのです。

だからこそ、ニーチェは弱さを最高のものとして崇めるキリスト教を批判したわけです。弱くて、病んでいるものが優れているという考え方は価値観が転倒しているだけでなく、デカダンを産み出す根源であるわけです。

ニーチェに言わせれば、肉体的精神的に強い者、権力面資本面で富んでいる者が正しいに決まっているのです。

国民栄誉賞にイチロー、ワールドカップで金メダルを獲得したサッカー日本女子やマラソンの高橋尚子が選出され、彼らが賞賛され羨望され、多くの人がそのようになりたいと思うのと同じです。神というありもしないもので人生を切り開くのではなく、力を意志することで勝者となりなさい、とニーチェは主張しました。

また、彼が否定したのは、キリスト教の「神」だけではありません。自己よりも崇高なものを認める価値観すべてを否定していったのです。

ですから例えばそれは、イデア世界に永遠なる真・善・美を認めるプラトン哲学も、キリスト教の奴隷道徳の系譜に属していますし、その他、自己より崇高な価値観である「真理」「理想」「理念」もすべて否定していったのです。

つまりそれらは、弱い人間が、自己から逃避した結果であり、自己の生を意味づけるためにねつ造したものであり、虚構であると暴露したのでした。そして真の価値基準は、「神」や「天国」「真理」ではなく、自分が生きている現実の「大地」に置くべきとしたのです。

　さらにニーチェは、キリスト教は「畜群本能」にとらわれた道徳であるとしています。畜群本能とは、自分を越えた特別な能力を持った者を危険視し、群れから排除しようとする「弱者」たちの本能であり、それは主体性を否定し、平均化し没個性的に生きることで安心しあう心理によって支えられているとしました。

　そのためニーチェは、民主主義や平等主義をキリスト教の俗化したものとして嫌悪したのでした。

　キリスト教的な道徳の意識（例えば、右の頬を打たれたら左の頬も差し出しなさい！）も、もともとは強者にたいする劣等感や羨望といった、人間の負の意識から生じたものだと主張しました。

　確かに人は、道徳的に誰かを非難したり、自分の品行の正しさを主張しようとする際には、心のどこか奥底で、相手に対する嫉妬や劣等感を抱いている自分を感じる場合が往々にしてあります。

　また、自分と相手との違いを強調しようとする際には、相手のもつ弱点（例えば愚かさやだらしなさ）を自分自身の中にもうすうす感じていることがよくあります。そのためにいっそう強く相手を道徳的に非難したり、相手との違いを鮮明にしようと躍起になります。

　人間は、決して道徳的な存在ではない、道徳的な言行の奥底には、強者からの自己の保身や、相手に対する嫉妬心といった、負の感情が存することを忘れてはならないと指摘したのでした。

　さらにニーチェは、彼独特の系譜学という方法論によって、キリスト教をはじめとした道徳のもつ欺瞞性を暴き出そうとしました。

　「弱者は強者に勝つことなどできるのでしょうか。弱い者、劣った者が、強き者、高貴な者を凌駕するなどということが可能なのでしょうか」

　常識的に考えれば、それは否です。力に訴えかける限り、弱者は常に

強者に対して敗れ去る運命にあります。弱者は強者と対等に渡り合おうとしていては、決して勝者になることはできません。

では弱者は強者に勝つ術を全く奪われているのでしょうか。弱者はいかなる意味においても、敗者であることを定められているのでしょうか。そうとも言い切れません。

もし、弱者が、勝ち負けの基準そのものを作り変えて、負けることこそ真の勝利であるといった転倒した価値意識を作り上げることができるとしたら、すなわち「負けるが勝ち」という倒錯的なルールを心の底から信じることができたなら、弱者はもはや敗者とは言えなくなるのです。

相手にはどんなに逆立ちしても勝てないと悟った弱者は、強者に対する嫉妬、恨み、憎しみの感情から、このような価値反転の秘策を思いつき、そこに唯一の勝機を見いだします。このような奴隷による想像上の復讐こそ、ニーチェが「ルサンチマン（怨念）」と呼ぶところのものです。

道徳上の奴隷一揆が始まるのは「ルサンチマン」そのものが創造的になり、価値を生み出すようになった時です。ここに「ルサンチマン」というのは、本来の「反動」が禁じられているので、単に想像上の復讐によってのみその埋め合わせをつけるような徒輩の「ルサンチマン」です。

すべての貴族道徳は勝ち誇った自己肯定から生じますが、奴隷道徳は「外のもの」「他のもの」「自己でないもの」を頭から否定します。そしてこの否定こそ奴隷道徳の創造的行為なのです。（『道徳の系譜』）

ニーチェは、このような「ルサンチマン」による価値転倒、弱者の復讐心によって生じた勝敗のルール変更こそ、道徳的感情、特にキリスト教的道徳の根幹にあるものだというのです。

弱者は先ず、強者に対してルサンチマンの感情を抱きます（私が弱く、不幸なのはお前のせいだ）。そこでは力強い生命力は憎悪の対象となり、その価値を引き下げることに全力が注がれます。

しかし、このような方法では強者に勝てないことを悟った弱者は、やがて、その攻撃の矛先を自分自身に向けようとします（私が不幸なのは、私のせいだ、私が悪い）。

すなわち過ちの感情が内面化されるのです。弱いものが自分の弱さを率直に認め、自分の罪深さを率直に告白する。でも、一見崇高に見えるこの自己否定は、実は強者への憎しみという負の感情が自己の内面に屈折したものにすぎないのです。

良心のやましさとはすなわち、自分の内面の苦悩に自虐的な喜びを感じるという、倒錯的な欲望の表現なのです。

やがて弱者はこの狡猾な価値転倒を、禁欲主義的な理想に昇華させることにより、より精妙なものに仕立て上げます。すなわち、弱者は力強い生命力をあえて捨て去り、非利己的に生きることこそ善なのだという新たなルールを創造することによって、強者の高貴な力を骨抜きにし、その生を断罪して虚無へと導こうとする。それによって虚弱なものが強者となり、低劣さが高貴さを僭称することが可能となるのです。

したがってニーチェは、とりわけキリスト教的な道徳は、恨み、憎しみを、愛や慈しみといった感情へと転倒させるという、独特の傾きを持っている。例えば、キリスト教においては、「敵を愛し」、「頬を打つ者にはもう一方の頬を差し出す」ことが善とされるのです。しかし、このような愛の本質が、実は他者への憎しみに発するものであることを忘れてはならないと警告しました。

I. 憎しみを否定しない

「人は相手を自分より劣っていると見なしている限り、その人を憎まないものだ。しかし相手を自分と同等か、より優れたものと見なしたとき、初めてその人を憎むのである。

Mann hasst nicht, so lange man noch gering schätzt, sondern erst, wenn man gleich oder höher schätzt.」

憎しみという感情はネガティヴなものです。だから、できるだけそういう感情を持たないように我々は普段から気を配っています。

例えば、争いごとはない方がよいと考えて、できるだけ相手と違う意

見を言わないようにします。しかし、これはややもすると、相手となるべく深い付き合いをしないようにするということになってしまいます。

　深く付き合おうとすると、必ず相手との違いが明らかになり、意見の対立が避けがたいものとして浮上します。それが行き過ぎると、対立は憎しみに変わります。そうなるよりは、最初から深く付き合わずに、きれいで無難な関係を持続させた方がよいでしょう。

　おそらく現代日本人の多くはそのように考えているのではないでしょうか。そして、これが現代人の孤独、果ては生きる意味の喪失につながっているのではないでしょうか。深く付き合わなければ、相手を傷つけることもないし、自分が傷つくこともありません。憎しみというネガティヴな感情のせいで疲れてしまうこともありません。

　しかし、ニーチェが言うように、相手を憎まないというのは、相手を自分よりも低く見積もっているからです。つまり相手の存在を軽く見ているから、深く付き合おうとしないのであり、深く付き合わないから憎しみの感情が生まれることもないのです。

　それでも我々は生きている以上、人間と付き合わないわけにはいきません。そして、憎しみの感情が芽生えてくることも避けられません。そのとき我々はその感情をなるべく燃え上がらせないように知恵を使います。

　例えば、相手が自分に辛く当たるのは、相手の中に何らかの悲しみや不幸があるからだという理屈を考え出して、相手に同情を寄せることで憎しみの感情を和らげようとします。

　しかし、これは明らかに相手を自分よりも下に置くことです。そんなふうに見積もられた相手は、もはや憎しみの対象となることはないかもしれませんが、愛の対象になることもないでしょう。この場合、同情は愛ではないからです。

　憎しみの感情は大切であるとニーチェは説きます。相手を憎むということは、それだけ相手に関わろうとしているからです。

　もちろん憎しみの感情をいつまでも持ち続けることはよくないです。

しかし、それ以上によくないのは、憎しみの感情をあまりにも早急に処理してしまうことです。憎しみのあるところにこそ愛の可能性があるということを忘れてはならないのです。憎しみを憎しみとして表明すること。それは相手との関係を壊す危険性を孕んでいます。

しかし、それで壊れてしまうような関係なら、最初から薄い関係だったということです。そんな薄い関係は人生においては余計な荷物にすぎません。

人生において本当に必要なものは、憎しみを通して築かれる愛の人間関係です。相手との違いを互いに認め合い、憎しみの果てに実現する和解によって初めて、愛のある人間関係が築かれるのです。

だから、互いに相手を自分よりも優れたものとして見なければなりません。相手への憎しみを自覚しなければなりません。そしてその憎しみを否定するのではなく克服しなければならない、とニーチェはアフォリズムを主張したのです。

II. 本能こそ人間の最大の理性

ニーチェは本能と欲望の違いを明確にし、本能のまま生きると説きました。

キリスト教モラルの他あらゆる宗教、あらゆる道徳に禁止項目が多いことにいらだっています。禁止項目とは、何々してはならないという条項です。

「あらゆる宗教と道徳の根底にあるのは、これこれをなせ、これこれをやめよ。そうすれば幸福になる。そうでない場合は、といった具合の命令なのだ。しかし、本当に幸福へと至る者はそういう命令で行為を決めはしない。そういう人は、ある行為をせざるをえないのであり、そのときにそれとは別の行為を本能的にはばかるのだ」

こういうふうにニーチェが主張するとき、その裏側にはみずからの本能にしたがう人間が想定されています。それは、本能にしたがうといっ

ても欲望そのままに動く獣的な人のことではありません。教えられたモラルではなく、みずからが判断した行為を選択する人間、超人のことです。

　本能は動物的なものであり、人間的なものから遠いといいます。本能は理性よりもはるかに下にあるものだといいます。高度な文化生活にそぐわないものだといいます。本能のままに生きるのはよくないものだといいます。

　本能をおとしめたのはキリスト教ではなく、キリスト教の神学です。かたよりのない哲学的思考に未熟であった神学者たちは、欲望のままに生きることと本能の働きを取り違えてきたのです。欲望こそ、本能とはまったく関係のないものです。

　欲望とは、自分の嗜好に合わせて選んだうえで手に入れようとすることです。本能は、欲望せずに、欲求します。欲求は生命維持のために働く力です。だから、喉が渇いてたまらない場合、欲望はどうしてもたとえばジュースやビールなどの炭酸飲料を飲みたいと強く求めます。あくまで好みで選択するのです。

　その一方で、本能の働きである欲求は、とにかく水分なら何でもかまわないと求めます。泥水でも、小便でもいいから、喉をうるおしたいと求める行動です。

　本能は純粋なのです。命をつなぐためにのみ人を根底から動かしているものです。ニーチェはこのことをよく知っていて、本能こそ人間の最大の理性だとしました。その表現だけでは一種の反語のように聞こえますが、真実そのままの表現なのです。

　セックスもまた本能が要求するものです。キリスト教神学では、性交は子どもをさずかるためのものだから快感を求めるべきではない、としました。

　しかし、快感の喜びがあるからこそ、射精と排卵がおこり受精が可能になるのです。そしてまた、そういう行為を愛し合うことだと名づけるのはごまかしではない。本能も含めて全身で愛し合うからこそ、人間は

生命を維持し、今までつないでこられたのです。それが本来の人間的な喜びでなくて何であろう。

　人が反射的に危険や死を避けるのも本能の働きだ。ふと身をかわしたり、頭を守ったりする。それは知や理性によって習得されたものではない。本能が働いたための重要な動作です。

　道徳というものが導く価値判断においてもそうです。道徳の価値判断が隠し持っているのは、こっちの選択や行為のほうが人間社会にとって有利だという功利性です。そこには、理由や根拠があります。

　しかし、本能の価値判断にはこざかしい理由ももっともらしい根拠もありません。ただ、そうするだけです。あれこれという説明はつきませんが、真の意味で人間の命を助ける価値判断を下しているのは確かです。

　実は、現代人を苦しめているものの多くは知や理性というものの無駄な働きです。頭を働かせるほどに悩みは深くなります。想像、予想、記憶がわたしたちを苦しめています。これこれすればどうなるか。あれをしたからこうなった。どうやればうまくいくか。それには少しの勇気が必要である。その少しの勇気すら持とうとしないならば、人生はいつのまにか耐えがたい地獄になってしまいます。

　人生のまっただ中で、若い人たちがとまどっています。

　この人生の中で、何をどうすればいいかわからないからです。迷い、怯え、自負などとうの昔に失い、さらには残る自信を削られ、自分の力のなさと能力の乏しさを感じるだけの日々。そうこうしているうちに、望みの多くを達成しないままに、確実に歳だけが増えていきます。

　実は、こう感じているのは若者だけではありません。いい歳をした大人も同じなのです。なぜならば、みな人生の初心者だからです。

　ところが多くの人は、大人はいわば人生のヴェテランだと思い込んでいます。自分は人生のヴェテランだと称する中高年も実際にいます。

　けれども、10歳のときに面したのと同じ問題が30歳になってもまったく同じ形で自分に向かってくるわけではありません。30歳になれば30歳の問題がつきつけられます。70歳になれば70歳の、そして衰弱や病気な

どの逃げがたい問題が加わります。そういう意味で、誰もがその時点において人生の初心者なのです。

　もしそうでなければ、たとえば親の助言を聞いて同じように実行する若者ほど人生がたやすくなります。

　ところが、親の助言や知恵は有効ではないことがしばしばです。すでに親が経験した時代とはまったく別の時代が今だからです。よって、いつも昔の解決方法が有効だというわけにはいきません。

　昔の事柄にしか習熟していない親の助言や知恵が現代で無効ならば、若い人の問題や悩みを助けるのは何でしょうか。書物でしょうか、現代の問題についての新しい考え方でしょうか。それらは有効であり、有効でないとも言えます。なぜならば、個々人の問題に直接的に具体的に役立つようなものはないからです。

　だからこそ、それぞれの人がそれぞれの個人的な人生を選んでいく意味というものがあるのですが、それはともかく、問題解決に役立つものをどこかに探すという依存的な姿勢を脱するべきでしょう。

　では、人生最初の問題に面したときにはどうすればいいのでしょう。

　確実な答えがあります。問題の前でいつまでもぐずぐずしていないことです。

　すなわち、決断をする。その決断がまちがっていたらどうしようなどとは絶対に考えない。決断を自分で引き受け、自分で取り組む。うまくいくかもしれない。ひどい目に遭うかもしれない。その中間かもしれない。いずれにしろ、事態は変転する。これが、超人のやり方の一つです。

　おじけづいて引き下がらない。人目を気にしない。前例の真似をしない。堂々と果敢に取り組む。そして、どういうことが起きようとも反省などしない。もちろん、後悔もしない。自分の決断が新しい時代を生むことになったら、また自分で決断する。そして力の限りに取り組む。

　そうしていくうちに、すべてが変わる。自分すら変わる。それには少しの勇気が必要だ。その少しの勇気すら持とうとしないならば、人生はいつのまにか耐えがたい地獄になってしまう。しかし、少しの勇気で決

断すれば、人生はとても面白くなるのです。

III. 贅沢を敵にしない

　やせた土地には作物が育たない。これと同じことが人間にもいえます。貧しい状況から豊かなものは生まれてきません。
　しかし、経済的に豊かな状況からのみ何かが生産されるということではありません。心が豊かであれば、あるいは豊かな感受性を持っていれば、そこから生まれてくるものが必ずあります。
　豊かな知識、豊かな経験、豊かな能力、豊かな力、豊かな度量、そういったものから必ず生まれるものがあります。
　しかしまた、いくら莫大な資産を持っていようとも、それを使わなければ何かが生まれてくるということはありません。当然のことながら、贅沢から生まれるものは多い。贅を好む気持ちからでさえ、蕩尽からでさえ生まれるものがあります。
　ケチ、節約、出し惜しみ、陰影、死蔵、衰弱、弱気、過度の貯蓄などから豊かなものは生まれません。それは、豊かに生きられない、人生を十全に生きられない、いきいきと生きられないということを意味します。
　たとえば、返済に数十年もかかるローンを組んだために好きな本も買えずに図書館から借りては返し、質の悪い衣服をまとい、質素な物を食べなければならない生活というのは、それ自体が豊かなことではないし、豊かなものを生むのがとても難しくなります。実際に、そのために子どもすら育てられない家庭があります。
　粗食だの節約だの質素だのというのは、早々に人生を見限った老人にまかせておけばいい。わたしたちは人生を見限るという愚をおかさないためにも、豊かさを好み、贅沢を味方にしておかなければなりません。そうでないと、ただ生きるだけになるからです。
　税金をはじめとした支払いのためだけに生きることが人生といえるのでしょうか。それはそもそも人生と呼べるのか。豊かに、多彩に、悲喜

こもごも、味わい尽くすのが人生ではないでしょうか。

あのイエス様でさえ、粗末な衣服をまとってはいませんでした。ニーチェもまた質素な生活はしていませんでした。昼はいつもホテルのレストランでステーキとオムレツを食べていました。そのニーチェは、人間はもともと贅沢を好むものだと述べています。

人は豊かさを好むものです。禁欲よりも放縦になびく。誰が好んで広い空よりも狭い空をあおぎたがるでしょうか。誰が好んで、多くの可能性よりもわずかな手だてを選択するでしょうか。人間の本性の顔は贅に向いているのです。

IV. 固定観念からの脱却

人生は固定観念を習う時間ではありません。自分が生きていく時間であり、自分が生きていく場です。頭と行動を固定観念で染めてしまうと、自分はいなくなる。自分の中に古い他人がたくさん詰まっているだけです。そんな人に個性などないのも当然です。

「人間、成長するために生きている訳じゃない。天国に入るために生きている訳じゃない。そんなセコイ目的のために生まれてきた訳じゃない。生きることは『練習』でも『貯金』でもない。

人間は、いつもいつも、かけがえのない『今』を生きている。『今』はただ悲劇によってのみ輝きが与えられる。『生』の力が導き出される。過去も未来もない。ただ『今』だけが永劫回帰する。

生物よ、人類よ、真実在よ、汝は汝の運命を愛するだろう」

ニーチェは、西欧思想が奏でる「必然的進歩主義」というか、人間中心のヒューマニズムを基礎とした諸処の法則的な流れを嫌い、そのような考えでは、一生超越出来ず、悪循環という時間の流れで、モルモットのように永遠にクルクル回っているだけだ、ギリシャ悲劇の最後の舞台のような変換や超越、そういったものによって、西欧思想を飛び越えるのだ、というような認識をもっていたらしく、それらに立ち向かってい

く勇気や決断を「運命愛」と表現しました。

「永遠回帰」は、円環状にイメージされた時間の中で、すべての出来事がそっくりそのまま反復されるということです。

円環状に反復される歴史というのはもはや無意味、すなわち「ニヒリズム」です。このニヒリズムの力強い肯定、肯定することによるニヒリズムの克服、それが「運命愛」ということになります。

ニーチェの考えでは、人間が掲げる理想や美や神などは理性なるものが捏造した空しい幻想であって、「力への意志」と「力によってできること」とを引き離そうとする「反動的な力」として生の輝かしさを阻害するものでしかなかった。そうした価値や道徳を解体して、自分の存在そのものに備わった力への意志によってなしうる生を生きるべきであると、ニーチェは主張しています。

そして、そのような生き方が「永遠に回帰する」との認識に至った際の至福と戦慄を無限回にわたって繰り返し感じることができるならば、その生は生きるに値する。ここに「運命への愛」が生じます。

ニーチェの言う「運命愛」は「永遠回帰」の思想と一体のものです。

1881年頃から、1899年に発狂するまでの、ニーチェ最晩年に到達した境地です。ニーチェが決して神への嫌悪からのみその死を強く語っているのではないことが次のような詩情からも明らかでしょう。40歳以降に書かれた詩『アリアドネの嘆き』には神に対しての複雑な心情がこのように表現されています。

「神のほうが逃げだした、／わたしの最後の唯一の仲間、／わたしの偉大な敵、／わたしの未知の者、／わたしの絞首する神は！……／……そしてわたしの最後の心の焰は／おまえのために燃えあがる。／おお、もどってこい、／わたしの未知の神よ！　わたしの苦痛よ……！／わたしの最後の幸福よ！」(秋山英夫、富岡近雄訳　人文書院版「ニーチェ全詩集」)

その意味で、ニーチェは一般に言うところの生理的な嫌悪から発した無神論者としてくくるわけにはいかないのです。

ニーチェの父はルター派の田舎牧師であったし、ニーチェは子どもの頃から聖書を暗誦できるほどに読み込んでいて、小さな牧師さんと呼ばれていたほどでした。
　そういうニーチェは、16世紀にドイツ語に翻訳されたマルティン・ルター訳の聖書を読んでいました。ニーチェが死という文字を重ねて使うのは、若い頃から死について思うところの比重が大きいからでしょう。
　実際に、35歳の若さで死んだ父、2歳で死んだ弟、看護兵に志願して戦争に参加したときの列車の中で次々と死んでいく傷病兵たちの姿など、ニーチェは多く現実の死と接しています。ニーチェの少年期から青年期の詩を見渡してみても、主題は死と、その変奏である悲しみや別離で統一されています。

Ⅴ．悲劇こそが人生に生を与える

　どんなに時代が進んでも人間を苦しめる悲劇はなくなりはしません。
　確かに、日本の現代は不安の時代ではあるが、悲劇の時代ではないかもしれません。ここ最近は、戦争もない、飢饉や飢餓もない、致死的な伝染病の大流行もない、戦争や飢餓などによる最愛の肉親の死もない。
　しかし、病気、地震や洪水などの災害、社会矛盾。新しい時代には新しい悲劇が次々とやってきます。人間にとって悲劇は常態であり、それは永遠に続き、歴史に終点はありません。
　この悲劇こそが、人間の生に意味を与えると、ニーチェは言うのです。生きる理由をもたらします。生というものの恐ろしい逆説性です。
　ギリシャ悲劇でも、シェイクスピアの悲劇でも、何が私たちを感動させているのか合理的には説明できませんが、それが人間の運命という統一した感情の経験であることは疑いえないように思われます。
　悲劇を見る人は、どうにもならぬ成行きというものを合点しています。そこには、あの男が、もっと利口に行動していたら、あるいはあの特別な事件が起こらなかったら、こうはならなかったであろうという余地は

ない。すべて定まった成行きであると感じます。この時私たちは、ある男の、ああなるよりほかはない運命に共感するのであって、決して事物の必然性というものに動かされているのではありません。

なるほど外的な事物の必然性が、人間の内的な意志とか自由とかを挫折させなければ悲劇は起こらないのですが、悲劇の観客の感動は、この人間の挫折や失敗に共感するところに起こります。これはこの挫折や失敗が必然であると感ずることにほかならないのですが、この必然性の感覚なり感情は、理性の理解する因果必然性とは性質が全く違うのです。

悲劇を見る人は、事件の外的必然性の前では、人間の意志や自由は無意味になるという考えを抱くことはけっしてできません。むしろ全く逆の感情を味わうのです。人間の挫折の方に外的必然が順応しているという感情を、どうしようもなく抱かされるのです。不幸も死も、まさにそうでなければならぬものとして進んで望まれたものだ、という感情を抱きます。

ギリシャ人が立派な悲劇を書いたということこそ、ギリシャ人が厭世家ではなかったというはっきりとした証拠です。それは反語のように聞こえますが、悲劇と厭世という二つの概念を知らず知らずのうちに類縁のものと私たちが思っているからでしょう。

確かに、ニーチェの哲学はニヒリズム（厭世）ともいわれますが、本当にニーチェの哲学がニヒリズムについての哲学だというわけでは決してありません。むしろ、ニヒリズムを超えていこうと強く意志する哲学だというべきです。

ニヒリズムを辞書で引くと、たいていは「虚無主義：世の中をいやなもの、人生を価値のないものと思うこと」と書かれています。この字面からは徹底した消極的な姿勢が想像されてしまいます。

確かに、一般に使われるニヒルは退屈や疲労によって生への積極的な意思を欠いた状態を指すことが多いです。しかし、本来のニヒリズムはそうではなく、あらゆる既存の権威に屈することなく、どんなに高く尊敬されているような原理でも絶対に自分の信条とはしない態度です。

ニヒリズムが具体的にどういうものかは、イワン・ツルゲーネフの長篇小説『父と子』(1862) の登場人物の態度として描かれました。そこにドストエフスキーの思想も混じって、ロシア・ニヒリズムという既存の価値や秩序を破壊する衝動を持つ反体制・反キリスト教という政治運動に広がっていきました。ロシア革命の際に青年たちはニヒリズムの果てに、自由な精神をつかもうとしていたのです。

　ニーチェは、そのことを念頭に置いて「悲劇は人生肯定の最高の形式だ」と強く主張しています。

　人間に何かが足りないから悲劇が起こるのではない、何かがあり過ぎるから悲劇が起こるのである。否定や逃避を好むものには、悲劇人たりえない。何もかも進んで引き受ける生活が悲劇的なのである。不幸だとか、災いだとか死だとか、人生における嫌悪すべきものをことごとく無条件で肯定する精神を悲劇という。この精神のなす肯定は決して無知からくるのではない。そういう悲劇的知恵をつかむには勇気を要する。勇気には生命の過剰を要する。幸福を求めるために不幸を避ける、善に達しようと悪を恐れる、このような生活態度を侮辱するには、不幸や悪はおろか、破壊さえ肯定する生命の充実を要する。

　「悲劇」との関係で、初期のニーチェは『悲劇の誕生』において「悲劇」を「生を肯定する最高の形式」としており、「運命愛」については「哲学者が到達しうる最高の状態」として「生に対してディオニソス的であること」と言及しています。

　だとすると最後の「運命に出会うことでしか成長できない」というところの「運命」というのは、「成長のための試練」などのさまざまな出来事と考えてよいのでしょうか？

　自分のための悲劇を自分で用意するなんていうことはできないし、子どもを悲劇に突き落としてくれるような親もいない。だから運命を待つしかない。ただ運命だけが人に悲劇を与えてくれる。運命によってのみ魂が磨かれる。人は大人になれる。恐ろしい生の逆説性です。

　これまで説明してきたように、この世界に生きるとは自分が価値づけ、

意味づけた世界に生きることです。つまり、この世界を生きるとはこの自分を生きることです。この自分が、世界のリアリティなのです。

　それにしても、世界は快適で美しいばかりではありません。むしろ、底知れぬ不安、醜さ、残忍さ、不潔さ、悪さ、愚かさ、狡猾さ、怠惰などにあふれています。だから、それらから意識的に目をそむけて生きるべきなのでしょうか。

　世界から美しいものだけを選んで、その中に生きる。これは心の向け方しだいで可能のように思えるかもしれません。

　しかしやはり、実際には不可能なことです。なぜならば、世界はいっさいが密接に結びついているからです。

VI. 人生に必要な洞察と困難

　人生において必要なのは知識ではなくて、洞察でしょう。確かに、知識は知恵を生む母胎になるものです。しかし、おおかたの人は処世の知恵で満足してしまう傾向にあります。また、処世の知恵がいつもその時代、その場所で有効だとは限りません。

　一方、洞察は正体を見破る力を持っています。誰によって何がそこに隠されているのかを透視する。考えることなく、中身をあてることができます。

　人生の中で決断しなければならないとき、洞察が役立ちます。知識だけでは足りません。洞察がいつも正しいとは限りませんが、しかし、まちがった部分があろうとも、ニーチェの洞察の仕方はわたしたちに新しい見方、新しいおもしろがり方を教えてくれています。洞察力が自分に備わると、何事をするにもコツをつかみやすいのです。

　また、既存のものから離れた独特なものを生む契機に触れやすくなります。普通の生活では、自分の洞察は秘密にしていたほうがいい。他の人にはとうてい理解しがたいからです。

　また、他の人はどうしてそう思うのかと根拠や理由やデータを知りた

がるものです。洞察にそういうわかりやすいものはないのです。

　洞察と勘は、似てはいますが違います。勘は観察を土台としたもので、対象に広く大きく網をかけるようなものです。洞察のほうは鋭く切り込む。すぱっと切って断面を見る。洞察は視線の一種の名人芸みたいなものです。

　そういう洞察力を養うには、どうしても感受性が必要です。情感を豊かにし、優しい配慮の心を持っているほうがいい。さらには、耐え、くじけず、幾度も立ち直り、絶対にあきらめない強靭な精神も必要になります。そして、自分に対しても容赦のない視線が必要になります。

　そんな洞察力を持つのは困難なように思えるでしょう。しかし、この人生においては困難なことのほうが安易なことよりも多くの喜びを与えてくれるものです。

　克服していくこと、それは難しいのですが、そういうものほど生の充実と自己の力を実感させてくれるものはないでしょう。

　洞察も、二者択一のときは困難を選べと教えています。困難から逃げ続けるのならば、いつまでたっても本物の人生が始まらないからです。老いて気力がとぼしくなってから、自分の人生はなかったのではないかと疑うほどの苦痛はないでしょう。

　単純で安っぽい価値観を土台にした一方的な観点から、ニーチェの人生は悲惨だったという主旨で彼の生涯をまとめた書物やメディアがあるようですが、ニーチェ自身はまったくそうは感じていなかったでしょう。

　多くの困難に耐え、それなりに克服してきた生涯でもあるからです。彼の内なる喜びは他の人には見えないのです。それは山の高みにいる人を裾野からはっきり見ることができないのと同じです。

　ニーチェは「幾度となく自答した。私の人生で最も困難な年月に対して、私はいっそう深く感謝をすべきではないだろうか。必然に起きた困難。それは苦しいものではあるが、高所から眺めてみれば、また、人生の差し引き勘定からすれば、そういった困難こそ私にとって有益なものそのものでもあるからである」(「ニーチェ対ワーグナー」の「むすび」)

このように人生の苦しい物事を有益と認め、愛そうとする。幾多の困難と危険。それらがなければ、人間はいつまでも強くはなれません。
　単純な価値観からは不必要にさえ思える人生のしんどさこそが、わたしたちの生命力を強め、より高い喜びを与えてくれるのです。

Ⅶ.　人生を愛する気高さを持つ

　人生はゆったりと全面的に享受するしかありません。
　自分の身に起こったいっさいの事柄を享受し、肯定するのです。それは人間として気高いことなのです。
　自分の身にだけは都合の悪いことが起こらず、幸せと良い出会いと潤沢さだけが舞い降りてくるように、と多くの人は願うかもしれません。もしそのようなことがありえるならば、人の生ではないでしょう。生そのものが成り立たないでしょう。
　すると、人はやっぱり逃げ場がほしくなり、宿命とか運命とかいったものを信じようとします。何もわからないでいる状態よりも、オハナシでもいいから、ストーリーがほしくなるのです。自分の意思ではどうにもならない事柄、なんとも理由がわからない事柄を選んで、宿命とか運命といったカテゴリーへと納めてしまう。そういう傾向をあてこんで、領収書が発行されない商売を開く輩もいます。占い師たちです。
　ニーチェは運命愛を持つことを勧めています。すると、ニーチェは占い師たちのように運命や宿命を信じていたのでしょうか。
　そうではありません。ニーチェは、人の身の上に起こる事柄を運命と呼んだにすぎません。そして、どんなことが起きようとも、いっさいを受けとめて肯定するようにとくり返し主張したのです。
　これがニーチェの運命愛（アモールファティ）です。そこにあるのは人生の全面肯定です。何が起きようとも、「よしっ」という態度です。決断がつらい結果を生んでも「よしっ」という態度です。自分のなすことすべてを肯定する態度です。

そういう姿勢はバカげているように見えるでしょう。何事についてもあれこれと計算し、いつも自分と自分の身内が得になるように動く人の目からすれば、まさに噴飯ものでしょう。

そして彼らは絶対にそういう生き方をせず、せこせこと計算をくり返し、生涯の収入がどうだとか、自分はどこまで昇りつめたとか考えるのでしょう。すると、彼らの人生にはプラスとマイナス、あるいは成功と失敗があるわけです。

マイナスは過失を含め、あってはならなかった事柄全般になります。しかし、それが本当は自己否定だとは気づいていないほど間抜けなことでもあるわけです。

部分的な時間を人生と呼ぶのではない。人生はすべてを指します。そこになんらかの物差しをあてて測定して結果とするのはあまりにも小さすぎはしないでしょうか。どんな役職についていたにしても、それでは人間が卑小すぎはしないでしょうか。少年たちがそういう人を見て、素直に尊敬とあこがれを抱くでしょうか。

それよりも、何が起きてもひるまず、たじろがず、むしろ不敵な笑みを浮かべて取り組む生き方のほうが人間としても高貴ではないでしょうか。

そういう人は、今のこの人生がもう一度そのままくり返されるとしても、ツァラトゥストラのように「よしっ、もう一度」というのです。なぜならば、どういう決断をしようとも、まったく悔いがないからです。

すべてを享受するのだから、反省や後悔など起こりようがないのです。むしろ、人生とはこういうものかとおもしろがるだけなのです。それは、人間としてとても気高いことではないでしょうか。周囲の人々に人生の尊さと、生きる意欲を、我が身をもって教える人ではないでしょうか。

VIII. ニーチェのキリスト教非難の意図しているところ

ニーチェがキリスト教を非難しているのは「キリスト教の宗教の根底

が妬みに端を発している、聖書中にある『貧しき者こそ幸い』の思想の全てがこの妬みを起因としている」という点です。

「キリスト教が負け犬の遠吠え」ではないと言い切るのは、よほどニーチェを看破した人ではないとできないことでしょう。特に、ニーチェは日本では人気が高い。そして、ニーチェの言うようにキリスト教が信じるに値しないものと日本では理解されています。この現実に対して、これまで日本人クリスチャンは、ニーチェが唱えてきたキリスト教批判に対して荒唐無稽であると応えることもないまま、黙殺しているような状況が長く続いていたのです。

社会は確かにニーチェが言うように欺瞞と悪事に満ちたルサンチマンの世界かもしれない。しかし、その中にあって、少しでも良い点を見つけ出そうとする努力がどうして「奴隷の道徳」なのでしょうか。苦しいことの中に希望の光を見つけたり、他人をおもんぱかり、ささやかな愛情を示すことがどうして偽善なのか。ニーチェはそんなことをする人間は弱虫で、心のどこかにルサンチマンが潜んでいるからだと言う。だが、それこそニーチェの誤解であり、彼の思想そのものがどこか歪んでいるからではないかと思えてしまう。「負け犬の遠吠え」こそがニーチェで、ルサンチマンと断罪されるのは、むしろそうした歪んだ思想を持つニーチェそのものなのではないかと、考えさせられます。

さらに、留意しなければいけないのは、利他主義に対して利己主義、同情には敵意、神に対しては超人を、道徳には背徳を、これら反動思想こそが生存肯定に直結するものとする、ニーチェの思想はニーチェ自身も実践してはいないのです。一見合理主義的ですが高慢な精神そのものです。被害妄想からきた批判になっている。論理的ではなく、気分的に「気に入らない」という批判で、その根拠が曖昧なのです。この点において、小林秀雄氏は、直感による率直な表現であり、直感によってしかつかむことができない思想で、ニーチェ自身が実践してはいないと指摘しています。

ニーチェは「平等」はローマ帝国内の沢山の教養の無い、社会の最低

辺で物乞いとかしている人たちに「多数者の特権」を信じ込ませた神話が諸悪の根源だと考えました。そこに衆愚的な問題を感じ取ったニーチェは「奴隷道徳」「怨恨」と表現しました。
「平等平等なんて騒いでいると、身勝手な利己主義に陥りかねない、そんな危険をはらんでいる」と言った、ニーチェこそが身勝手で利己的で、超人という名を借りた、隣人をも「搾取の対象」と考える悪人の論理を唱えていたのです。「公共心」は一体何のためにあるのでしょう？　そして、周囲の愛から見放されたニーチェは深い孤独に沈んだのです。個人と個人の対話は消え、無縁社会に陥っていったのです。
　しかし、それでもなお、ニーチェは孤独に悩みながらも孤独こそが人間を強くし、超人に至る道をひらくと説いた思想家です。その激しさ、エリート思想に反撥を覚える人には、モンテーニュ（1533～92）の『随想録（エセー）』や吉田兼好（1283頃～1352頃）の『徒然草』なら共感を覚えることが多いでしょう。
　今のように価値観が混乱した時代に陥ると、必ずといっていいほどニーチェの名前が登場します。おそらく、彼の思想が、さまざまな解釈を読者に許し、かつ、人間性の本質をとらえているので、方向性が見えない時代にこそ、読者は一つの道しるべとして彼の言葉に共感し耳を傾けるのかもしれません。
　過去の実績や規範で未来の行動を決定できない現在において、普遍的な原理から脱却しようとする、創造心を支える強みになっています。
　ニーチェは、持病（今日では梅毒説が有力だが、多様な症状を呈し、当時は病名が特定できなかった）の悪化にともない、バーゼル大学を辞職した1879年以降、1889年にトリノで昏倒・発狂するまで、スイスや南欧で旅行生活を送りました。
　自己の病をとおし、思考を翻弄する〈身体＝外部〉に眼をむけるようになるという事例は、決して少なくないでしょう。
　ニーチェの独創性は、思考の受動性を肯定しつつ、それを繊細に探査し、新しい〈ライフスタイル＝思考スタイル＝文体〉を周到に錬りあげ

ていったところにあります。彼のいう「病者の光学」「大いなる健康」「運命愛」とは、たぶんそうした能動的受動性を意味しています。

　長きにわたって病苦に悩んできたにもかかわらずに知性が曇っていない人は徹底したひややかさで外のものを見つめ、健常者が何かを見るときよりいっそう鮮やかに真の事実を見きわめることができるものだとニーチェは前もって述べ、これは苦痛による最高の覚醒だとしています。

　健康なうちは、健康ゆえに生み出される妄想や期待がかえって本質を見る目を曇らせているというのです。苦痛は幻想から彼を引き出す手段であるとまでニーチェは述べています。

　このニーチェの烈しい主張のうちにある真理とはいったいなんなのでしょうか？　ギリシャ悲劇の表現する運命の思想は、ニーチェのいわゆる悲劇的知恵も、運命という問題に衝突せざるを得ませんでした。

　ニーチェは、ついに、運命愛という非常に難しい思想に到達したのです。ニーチェの烈しい主張のうちにある真理、いわゆる悲劇的知恵が運命という問題に衝突し、ついに達した運命愛という非常に難しい思想。

　必然的なものに目を覆ってはならぬとし、単にこれに耐えるだけでもいけない、進んでこれを愛さなくてはならない、そういう思想に達しました。

　もちろんこういう思想には、合理的な説明はできません。直感による率直な表現であり、直感によってしかつかむことができないものであり、ニーチェも実践してはいないのです。そして、晩年は狂気の人になったという情報が合わさって、ニーチェの著作は、たんなる勝手な主張がなされているようにしか見えなくなります。

　ニーチェの批判は主に教会や、イエスの死後、一部の信仰者によって創出されたドグマに対するものです。アフォリズムにあるように、ニーチェはキリスト教に原罪説を取り入れたパウロと後に神学として確立したアウグスティヌスを批判しています。

　イエス・キリストは、「神の国はあなたの中にある」と言っています。イエス様にとって、信仰は、始めから「ある」からです。

つまり、イエス様の言葉を正直に受け取るとこうなります。理想（神の国）は心の中にすでにある。その理想を自分のよるべにして生きなさい。つまり心の問題なのです。
　したがって、イエス様はつまり「自己救済を可能とするためのライフスタイルの実践」をしたわけです。とっても平和的に。だから神の国はどこにでもあるし、どこにもないとも言えるわけです。
　さらに、イエス様の教えには「罪と罰」とか「報い」といった神と人間との距離感はありません。イエスにとって幸福とは神との約束なんかではなくて、つまり信仰による救いとか罪の赦しではなくもっと現実的なものだったのです。
　そういう訳でユダヤ教の律法主義・形式主義を彼は否定したのです。だっていくら律法を守って約束してもらっても生きてるうちに守られなきゃ意味がありません。
　「イエス様の教えは『心の問題』で、自分を救うために一番善いと信じたライフスタイルを貫くことである」と言った意味はこういうことです。
　したがって、イエス・キリストは別に人間を救うために死んだわけではありません。自分の心にとって一番善い生き方を行動で示すために、つまり「人間はいかに生きるべきか」を教えるために死んだだけです。これが、「反キリスト者」を書いたニーチェの意見だったのです。
　しかし、イエス様の弟子たちはそこを理解できなかったと指摘するのです。
　「イエス様の死は自分たちの存在を否定することになるのではないか」と動揺し、そして、ユダヤ人やローマ人の社会秩序こそ敵とみなしたわけです。イエス様は争いを好まなかったのに……。そうして、いつか「最後の審判」があり敵（悪）は裁かれ「神の国」が来るという、キリストが批判したはずのユダヤ教と同じ論理へと走っていってしまった……というわけです。
　それは一体何を意味するか。守られる保証のない約束を「神」や「真理」のもとに乱発し、信仰・希望・愛というキャッチフレーズで人々を

釣ることになったのであると。

　キリスト教の「理想は約束されている」は、「世界は教会の定める真理の通りのはずだ、そうあるべきだ」という硬直的な一元論に陥ってしまった。ニーチェの結論はそういうことです。

　自由と言いながらコミュニティーができると必ずしきたりというものができ、ruleが必要となります。良いコミュニティーは大きくなる結果、統制のため、しきたりは規範から法律へ進展し、その維持に上下身分制度が構築されます。

　多神教では神の教えなる教義がはじめからありません。その神の教えとは、あえて言えば、星占いやおみくじに似て受け取りようによっては誰にとっても思い当たる節(ふし)がある事柄です。だが、星占いやおみくじならそれで良いが、宗教となれば「受け取りようによっては」では済まされません。放任してはアナーキーになるからで、アナーキーでは組織は成り立たないのです。したがって、「受け取りようによっては」にならないように、種々の解釈を調整し統一し、それを信者に伝える存在が必要になる。この必要に応えるために、一神教では必ず専業の聖職者がいて、彼らが独立して階級を形成する。人の心の奥底に潜む、他より優位にいたいという欲望が、より上級へと競争を生み、妬みや怒りを発するのです。

　では、いったい真理とはどこにあるのでしょうか。歴史学の常識では「真理は権力と結びついて、歴史的に形作られていく」とされます。贖宥状(ゆうじょう)(免罪符)という真理を立てて世俗権力と結びついたカトリックをマルチン・ルターが批判しました。

　しかし、そのルターの「真理そのもの」も、その後また大衆心理と結びついて権力の道具となったのです。したがって、"唯一"とか"絶対"といわれる真理とはこの世には存在しません。真理とは、永遠に希求しなければいけないが、永遠に到達できない目標なのです。

　要するに、キリスト教が問題なのではなく、そういった権力構造の存在が問題なのです。そして、道徳とは、まさに権力構造において、不当

な支配・命令の典型的な現れだとニーチェが理解していると、解釈されます。

　ニーチェのキリスト教批判は形式的な律法主義的キリスト教から生じる権力支配による不当な弾圧から逃れる闘争であったのです。そしてそこには十字架のキリストは存在せず、ただ完全であるように生きるようということのみが真実の道であると主張する権力者への徹底した反論でした。

　ニーチェの批判は、権力論であり、生の否定、腐敗、デカダンを生み出す規律絶対主義に対する否定であったのです。

最後に

　子どもは家を中心に生活していますが、当然この世に出ていかねばなりません。学校で勉強し、職場で働き、隣近所の人々と関わりをもちます。もしかすると、愛の中で育まれ優しい心を持った子ほど、いじめにあうかもしれません。

　幼稚園の入園式や卒園式、狭い体育館で「肩がぶつかったじゃないか！　謝れ！」とやくざでもあるまいし因縁をつける父親、「おれの前に立つな！」と怒る父親。せっかくのお祝いの場にもかかわらず、お互い窮屈だけど譲り合いましょうという気持ちが全くない親に、心が寂しくなる思いをした経験はありませんでしたか。地下鉄でマナーがない人を挙げればきりはないし、駅の改札口で小学1年生に「遅い、どけ！」とばかりに、子どもをはね退けて先へ行く人々。正直、このような親の子どもと一緒の教室で机を並べて大丈夫なのか、自分の子どもはいじめられないのか心配な時がありませんか。子どもの自由な判断力と意思の力は、本来親が子どもに伝え、子どもに身につけさせる、家庭で育てていくべきものでした。しかし、今や自由とは子どもに好きなようにさせるべきだ、自分勝手だと考え違いをしている親が増えています。しつけ、礼儀や作法も学校まかせ。教育は、学校教育と家庭教育の両輪で完結するものですが、最近は家庭教育が機能していないことが多いのです。このため、社会は厳しい現状に曝されているのです。いったい、我々はどのように対応していったら良いのでしょう。

　キリスト教徒は教会を中心に生活していますが、当然この世に出ていかねばなりません。そこで多くのまだイエス・キリストを知らない人々に接します。キリスト教徒が関わる人の中には、好意的な人もいれば、敵対的な人もいるでしょう。イエス・キリストは弟子たちを町々村々に遣わすにあたって心構えを教えました。その心構えとは次の教えに集約されています。

「蛇のようにさとく、鳩のようにすなおでありなさい」（マタイによる福音書10：16）

　ここで、あえて聖書が「蛇のように」というたとえを持ち出しているのは、2000年以上も前からこの世の中に蛇のような狡猾さが蔓延しているからです。一方、聖書の中で「蛇のように」ということばに違和感を感じるのは、蛇は「狡猾さ」を連想されますが、ここでの「さとく」という言葉の原語のギリシャ語には、狡猾さ slighという意味がないからです。「賢明」「思慮深い」「賢い」「抜け目ない」と他の個所では訳されています。

「弟子たちをこの世に遣わすのは、狼の中に羊を送り出すようなものです」（マタイ10：16）

　弟子たちにとって狼とは、祭司長、パリサイ人、律法学者などユダヤ人の指導者や反感をもつ群衆と考えられます。弟子たちは羊のように何の武器も持っていません。そこで必要な心構えが、この原則です。

　弟子たちが出ていって福音を宣べ伝える時、人から受けることが十分予想される敵意や迫害、侮辱に対して、あらかじめ備えなければなりません。

　世事に心を奪われていないクリスチャンは、世の欲や権力や富を求めている人々にとっては、気に入らない存在です。世の中の価値観に従わず、世の中のことに積極的でない者は、嫌われます。それが、「狼の中に羊を送り出すようなもの」ということですが、愛を実践する家族が子を社会に送り出すとき必ず同じようなことを経験します。

「蛇のようにさとく、鳩のようにすなおでありなさい」

　ここで大事なのが、クリスチャンでは教会での証しです。仏教では、御仏壇に向かって、またはお墓参りしてご先祖様と対話することです。実は、蛇も鳩も弱い存在です。あなたは、蛇のように的確に状況を判断し、よく相手を観察し、賢く証しし争いを避けていますか。同時に、欲と罪が渦巻くこの世にあって、鳩のように素直で純粋に証しし暮らしていますか。それとも、世に翻弄され争っていますか？

クリスチャンは教会で衆目の前で証しをします。機会が与えられるとき、家庭であった喜びを神の恵みと、また身の回りに起こったトラブルも証しします。証しをするとき、クリスチャンのうちにある御霊が話させてくださいます。衆目の前で証しすることにより、教会の牧師さんや信者さんと日々の不幸も幸福も共有（share）するのです。そして、聖霊がクリスチャンの言葉を通じて人々の良心に働いて、悔い改めることに導かれるのです。

　つまり、証しし、聖書にある真実の愛を主張すること、神との交わりによって人々に働きかけることができるのです。

　この世の価値観は、「何が得なのか」「どうすれば人から嫌われずにすむか」「どうしたら、自分を拡大できるか」です。この場合のものさしは、「自分」であり、「プライド」や「世間体」、「欲」で、自我の判断基準は、欲と怒りと愚かさです。

　真のクリスチャンや、愛に生きる人は、この世のものに価値観を置かないため、世と緊張関係をもって生きるよりほかないかもしれません。気に入られず、憎まれることがあるかもしれません。しかし、迫害の時には、自分を通して福音を伝えさせるために設けられた機会なのだから、大胆に信仰の証しをすればいいのです。それも、御霊が話させてくださいます。

　キリストは、この罪と欲の蔓延する世にあって、流されることなく、「蛇のようにさとく」信仰に生きて、「鳩のようにすなおで」神の証しをするようにと、言われたのです。

　確かに、「賢さ」と「素直さ」を両立させることは簡単なことではないかもしれません。ここで求められているのは、「疑り深さ」とは別種の知恵であり、きよい知性とでも言えるものです。おかしな言い方になるかもしれませんが、「きよい知性」は、「あえてだまされること」（Ⅰコリント6：7）を決断したりもするのです。

　ただ、だまされていい場合と、だまされていけない場合をきちんとわきまえることができるのです。

「何が神の御こころにかなったことなのか」
「何が真に善いことなのか」
「何が本当に相手のためか」

　そういうことを「きよい知性」は考えます。この場合のものさしは、「聖書」であり「愛」です。

　繰り返しますが、「何が得なのか」「どうすれば人から嫌われずにすむか」「どうしたら、自分を大きく見せることできるか」を第一に考えるのがこの世の知恵です。しかし、この場合のものさしは、「自分」であり、「プライド」や「世間体」、「欲」です。この判断は自我がするのです。

　自我の判断基準は、欲と怒りと愚かさですから、自我がやりたいことは、ほとんどが悪行為になるのです。自我を抑えて、煩悩（感情）をコントロールして、理性を働かせなければなりません。

　そのためにするべきことは、

1. 神に知恵を求めて祈ること。（ヤコブ1：5-8）
2. 聖書に親しむこと。（2テモテ3：16-17）

　この過程は、念（気づき）と正知（正しく知ること）、つまり「きよい知性」の実践が必要なのです。

　クリスチャンが教会で衆目の前で証しを立てること、それは、仏教では仏様に手を合わせ念仏を唱えるのと同じです。この家人以外の方々と証しを立てるのがキリスト教と仏教の表現の違いです。日本人がグローバリゼーションの一つの考え（開示 disclosure）になじめなかった一つの大きな理由です。

　このように聖書は決して安易に騙されて良いといっているのではありません。「自分はだまされても、人をだまさなければそれで良い」と自己満足している人がいます。実際に騙されて悲劇のヒロインになっている人もいます。確かに一つの悟りで人に迷惑をかけないように思われますが、そのような方は簡単にだまされてしまうのです。それだけで済めば良いのですが、だまされた尻拭いのために、周辺が翻弄され、親兄弟や子どもが金銭的にも精神的にも迷惑をこうむるのが関の山なのです。

このような考えや態度は聖書の稚拙な誤解といえるでしょう。マタイの福音書10章16節の前半では、「わたしが、あなたがたを遣わすのは、狼の中に羊を送り出すようなものなのです」と書かれています。そういう世の中にあって、愛を実践する人も単にお人好しであってはならない。善悪を見極めて、筋を通すべきところは通していく。策略にみすみす巻き込まれたりしないよう注意するべきでしょう。そのような意味で、狡猾な知恵を見抜くだけの賢明さ、思慮深さが求められるのです。

　教会が、またクリスチャンができることと言っても大それたことはできません。もしできることと言えば、「心から、愛をこめて"泣くものと泣き、喜ぶものと喜ぶ"」ことではないでしょうか。なぜでしょうか。今のイエス様が私たちをそうしてくださっているからです。

『優しい』という字は「人」偏に「憂」と書きます。それは、「憂」の傍らに佇んでいる「人」の姿をそのまま映した字です。憂い＝心配事を持っていた時、その憂いとともに生きることにより、人はすこしずつ優しくなります。

「愛は気持ちや感情ではなくあくまでも行動です」と言います。しかし、まずはふりをする努力から始めたらよいのかもしれません。凡人としては、イエス様が「肩の荷を下ろして、ふりをするだけでも得るところがありますよ」と言ってくださるとホッとします。

　Good-byeは日常、さようならの意味でよく使われますが、古くは「Godbwye」といい、「God be with ye」の短縮形です。「God be with ye」は、「ye」が古い二人称代名詞「you」で、「神が汝と共にありますように」「神のご加護がありますように」という意味です。

「God」を直接口にするのを遠慮する風潮があったことと、「good morning」や「good night」など他の挨拶の言葉に引っぱられたことで、17世紀から「God」が「good」に変わり、18世紀に入り現在の形になりました。

　Good-bye！
「God be with you. 神が汝と共にありますように」で締めくくりたいと

思います。ありがとうございました。

出典

『聖書　新共同訳』©共同訳聖書実行委員会（Executive Comwittee of The Common Bible Translation　©日本聖書協会　Japan Bible Society, Tokyo 1987, 1988）

マザー・テレサ　『愛のことば』、女子パウロ会
（Mother Teresa、本名アグネス・ゴンジャ・ボヤジュ〈Agnesë Gonxhe Bojaxhiu〉、1910年8月26日～1997年9月5日）

西郷純一牧師　ワシントン・インターナショナル日本語教会　Washington International Japanese Church

山崎俊彦牧師　四日市キリスト教会

穂積重遠『新訳論語』（講談社）

注1　ウィリアム・バークレー『バークレーのキリスト教倫理』（ヨルダン社）

注2　ジョン・クリソストム（St. John Chrysostom）
　　　雄弁で知られる4世紀後半のキリスト教司教

注3　レイモンド・チャンドラー（Raymond Chandler、1888～1959）
　　　アメリカの推理小説家で、ダシール・ハメット、ロス・マクドナルドとともにアメリカのハードボイルド御三家と称される作家の一人で、ハードボイルド探偵の代表格フィリップ・マーロウの生みの親。その文学性の高い文体と生き生きとした人間描写で、現在でも多くのファンに愛され続けています。
　　　イリノイ州のシカゴに生まれるが、両親が離婚したため母親に連れられて7歳の時に渡英しロンドン郊外に住む。その後大学には進学せず、パリ、ミュンヘンに留学。1907年に帰国しイギリス国籍を取得。海軍省に勤務するが1年ほどで退職。新聞・雑誌に記事やエッセイや詩を発表する。生活苦から1912年アメリカに戻って簿記係や石油会社役員などを務めるが内輪揉めや不祥事から解

雇され44歳で失業する。職を失い失意の渦中にあったが、ハメットやE・S・ガードナーなどの影響を受け作家になることを決意した。1939年、今やハードボイルド探偵の代名詞ともなっている長編『大いなる眠り』を発表した。

注4　ヘンリー・ドラモンド（Henry Drummond、1851〜1897）『人生で最高のもの』松代幸太郎訳（いのちのことば社）

注5　星野富弘『花の詩画集』（偕成社）
　　　石井利明「星野富弘 作品とその背景」（富弘美術館学芸論文）

注6　工藤篤子『賛美のこころ』（イーグレープ）

注7　J・L・バダラッコ『静かなリーダーシップ』夏里尚子訳（翔泳社）

注8　中村桂子『時のおもり』欄（中日新聞2011年3月2日付け）

注9　ベンジャミン・フランクリン『フランクリン自伝』（岩波文庫）

注10　アンドリュー・マーレー『謙遜』松代幸太郎訳（いのちのことば社）

注11　マウリツィオ・ポリーニ（Maurizio Pollini、1942〜）
　　　イタリアのミラノ出身のピアニスト。父親は建築家ジノ・ポリーニであり、また母親（彫刻家ファウスト・メロッティの妹）は声楽もこなすピアニストで、5歳からカルロ・ロナーティに、ロナーティの死後はカルロ・ヴィドゥッソにピアノを学ぶ。現役ピアニスト中、最も高い評価を受けているひとりである。

注12　ウィリアム・シェイクスピア（William Shakespeare、1564〜1616）
　　　喜志哲雄『シェイクスピアのたくらみ』（岩波新書）

注13　大平光代『だから、あなたも生きぬいて』（講談社）

注14　内海裕美（吉村小児科院長・日本小児科医会常任理事）第27回　母子健康協会シンポジウム「子どもが育つ保育」

注15　リック・ウォレン（Rick Warren）『The Purpose Driven Life』（Zondervan）『人生を導く5つの目的』尾山清仁訳（パーパスドリブンジャパン）

注16　エリク・エリクソン（Erik Erikson、1902 〜 1994）ドイツのヘッセン州フランクフルトに生まれる。母はユダヤ系デンマーク人で、生後３年間は母親と共にフランクフルトで過ごす。父親は定かではないが、デンマーク人の芸術家だったのではないかと言われている。エリクソンはその北欧系の風貌からユダヤ系社会や教会で差別を受け、またドイツ人コミュニティからはユダヤ人であるという理由で差別を受け、二重の差別を受けて育った。実父の出自や所在が分からない状態で育った事も加え、彼の出自や生育歴がその後の理論・思想形成に大きな影響を及ぼしている。ドイツでナチスが政権を掌握すると、ウィーンからコペンハーゲンへ、そしてアメリカへと渡り、1939年にアメリカでの国籍を取得する。発達心理学者で、精神分析家。「アイデンティティ」の概念を提唱したことで知られる。

渡辺和子『心に愛がなければ』（PHP研究所）
渡辺和子『置かれた場所で咲きなさい』（幻冬舎）
中島美嘉/雪の華　作詞：Satomi　作曲：松本良喜　2004.1.17
フリードリッヒ・ニーチェ（Friedrich Nietzsche、1844 〜 1900）『道徳の系譜』木場深定訳（岩波文庫）
久保有政「レムナント」1992年６月号より
永井均『ルサンチマンの哲学』（河出書房新社）
永井均『これがニーチェだ』（講談社現代新書）
白取春彦「超訳ニーチェの言葉」（ディスカヴァー・トゥエンティワン）
小村秀雄「常識について」（角川文庫）

〈著者略歴〉
三浦徹大　（みうら　てつひろ）

本名：三浦裕次（みうら　ゆうじ）
愛知医科大学看護学部教授。1967年石川県金沢市生まれ。金沢大学大学院を修了後、米国メリーランド州のJohns Hopkins大学医学部に4年間、research fellowとして留学。米国NIH（国立衛生研究所）に移籍し、federal employeeとして2年間勤務。2008年から現職。

COVERED BRIDGE　過去から未来へとつづく橋
グローバル社会を生き残るために心得ていなくてはいけないキリスト教の哲学、愛とは

2014年3月4日　初版発行

著　者　　三浦徹大
発行者　　青木誠一郎

発行所　　株式会社 学芸みらい社
　　　　　〒162-0833 東京都新宿区箪笥町43番 新神楽坂ビル
　　　　　電話番号 03-5227-1266
　　　　　http://www.gakugeimirai.com/
　　　　　E-mail : info@gakugeimirai.com

印刷所・製本所　　藤原印刷株式会社

©Tetsuhiro Miura 2014　Printed in Japan
ISBN978-4-905374-36-7 C0016
日本音楽著作権協会（出）許諾第1401684-401号

落丁・乱丁本は弊社宛お送りください。
送料弊社負担でお取り替えいたします。

学芸みらい社の既刊

日本全国の書店や、アマゾン他のネット書店で注文・購入できます!

翼はニャティティ 舞台は地球

アニャンゴ 著　　A５判　128ページ　定価: 1500円 (税別)

みんなを元気にする、アニャンゴの本。誰もがみな、道なき道を歩んでいく。「世界中に出かけていってこの楽器を奏でてきなさい。私が行けない所まで、あなたが行って……」
ケニア、フランス、イタリア、ドイツ、福島、NY、そして……師匠の想いをのせて、私は今日もニャティティを弾く。
巻頭カラー48ページ。カラーでアニャンゴがいっぱい登場します!!
「世界が尊敬する日本人100人に選ばれたアニャンゴ(向山恵理子)の第4作。

アニャンゴの新夢をつかむ法則

向山恵理子 著　　新書判　224ページ　定価: 905円 (税別)

新しく夢をつかみとってゆく。

私の青春は、焦りと不安と挫折だらけであった。音楽修業を決意し出発はしたものの9・11テロでアメリカに入国さえできずに帰国。ケニアでは、ニャティティの名人には弟子入りを即座に断られ……しかし、いつもあきらめずに夢を追い続けることが、今の私を作ってきた。そして私の夢はどこまでも続く!!

もっと、遠くへ

向山恵理子 著　　四六判　192ページ　定価: 1400円 (税別)

ひとつの旅の終わりは、次の夢の始まり。

夢に向かってあきらめずに進めば、道は必ず開ける!　世界が尊敬する日本人100人(ニューズウィーク)にも選ばれた"アニャンゴ"の挑戦記!　世界初の女性ニャティティ奏者となって日本に帰ってきたアニャンゴこと向山恵理子。……世界での音楽修業のあれこれ……しかし、次々やってくる、思わぬ出来事!!　試練の数々!!

学芸みらい社の既刊

日本全国の書店や、アマゾン他のネット書店で注文・購入できます！

ノブレス・オブリージュの「こころ」
――"リーダーは世のため人のためにあれ"

大沼 淳 著

四六判　208ページ　定価：1500円（税別）
信州倶楽部叢書 第1弾

大沼淳は戦後の混乱期から現在に至る60年もの間、日本の教育界を常に先頭に立ってリードしてきた。「自らが育った戦中のころのこと」「近代日本の教育の変遷と未来のこと」「日本のファッション文化のこと」「ふるさとのこと」など、今までの来し方を振り返って自らその"想い"を綴りながら「現代のそして未来の日本人のこころのあり方に指針を与える」熱い、熱いメッセージ。

慶應義塾元塾長 中央教育審議会元会長 鳥居康彦 氏 推薦

「美味しい」っていわれたい
今日もフランス料理

糠信和代 著　林 英吉 写真

B5変形判　144ページ　定価: 2400円（税別）

特別な日だけでなく、毎日の食卓も大切にしたい。

クッキングサロン フェルミエール主宰のそんな思いが、一冊の本になりました。料理を通じて広がる人の輪。好奇心が求める、様々な味の世界。親しみやすく、家庭でも手軽にできるフランス料理が、美しい写真と分かりやすいレシピ付で紹介。『見て、作って』楽しめる、フランス料理の魅力が満載の本！

銀座のツバメ

都市鳥研究家　金子凱彦 著

佐藤信敏 写真　　四六判　188ページ　定価:1500円（税別）

大都会銀座で30年間にわたる
「感動のツバメ観察の物語」

永く人間から愛され続けてきたツバメが危機に瀕している。今後、果たして大都会でツバメは生きていけるのか？　都会のツバメの、驚くべきまた、愛すべき生態を、30年観察して綴った。「鳥と自然を愛する人々にとって必読の書」であると同時に、あらゆる人間たちに示唆を与える書。

☀ 学芸みらい社の既刊

日本全国の書店や、アマゾン他のネット書店で注文・購入できます！

「カナダ・寄り道 回り道」
～走り抜けた1万2千キロの旅～

落合 晴江 著　　　　四六判　212ページ　定価: 1300円（税別）

西海岸の小島から北の辺境の地まで行って、見て、感じた一人旅。

「世界には、見のがしてしまうには惜しいことがたくさんある」ほんの2～3年のつもりが、なんと10年も生活することになったカナダ。旧き佳き欧州の面影を残す街や人々との出会いを通して、著者が得たものとは？「内」に向かいがちな今の若者たちへのエールを籠めた、珠玉の留学体験記。

サスペンダーの独り言

矢次 敏 著　　　　四六判　242ページ　定価: 1500円（税別）

微笑する文章、掌編の数々

その後何度も東北を訪ねたが、その都度私を襲うのは鋭い胸の痛みである。人間はわかっていながらおそらくこれから何度でも愚行を繰り返す。多くの日本人がそうであるだろうように、私も今だにあの事件を自分の中で整理できないでいる。しかしほとんどの人生の形というものは整理できないままにフェイドアウトしていくものなのであろう。そう思う。
矢次敏による膨大な知のコレクション！

日本人の「心のオシャレ」
「生き方のセンス」が人生を変える

小川 創市 著　　　　四六判　224ページ　定価: 1500円（税別）

「人を幸せにする、心のあり様」を取り戻す

日本人が誰もが持つ「心のオシャレ」というものを突き詰めていくうちに見えてきたのは全人類に共通する「普遍的なもの」だったのです。それは「思いやり」であり、相手の立ち場に立ってみることができることであり、また人を幸にすれば、回りまわってやがては自分に返ってくるという単純なことなどです。「心のオシャレ運動」推進中!!

☀ 学芸みらい社の既刊
日本全国の書店や、アマゾン他のネット書店で注文・購入できます！

父親はどこへ消えたか
映画で語る現代心理分析

樺沢紫苑(精神科医) 著

四六判　298ページ　定価: 1500円（税別）

現代の父親像、リーダーシップを深く問う渾身の一冊！

ワンピース、エヴァンゲリヲン、スターウォーズ。スパイダーマン、ガンダム……映画に登場する父親像を分析、現代の「薄い父親像」のあり様と、今後の「父親像」に関してのあるべき処方箋を出す！全国各地で話題の書。

国際バカロレア入門
融合による教育イノベーション

大迫弘和（IB教育の国内トップランナー）著

A5判　208ページ　定価: 1800円（税別）

この一冊で国際バカロレアがわかる！

国際化が進行する21世紀！文部科学省の「グローバル人材育成推進会議」でも進めている「国際社会で活躍できる人材を育成し、各国で認められる大学入学資格が与えられる」という教育のシステム。それが「国際バカロレア」(IB)のシステムだ。この1冊でそのすべてが解る！

先生も生徒も驚く
日本の「伝統・文化」再発見

松藤 司 著

A5判　176ページ　定価:2100円（税込）

日本の「伝統・文化」はこんなに面白い!!

日本の文化を教えてください！……と外国人に問われたら？
日本の文化を知らない大人が増えている！　日本の素晴らしい伝統・文化を多くの人々、とりわけ日本の未来を担う子どもたちや学生に伝えていくために、日本のすべての教員や大人にとって必読・活用の書。未来を担う子どもたちや学生に伝えよう！

☀ 学芸みらい社の既刊

日本全国の書店や、アマゾン他のネット書店で注文・購入できます!

子どもの心をわしづかみにする「教科としての道徳授業」の創り方

向山洋一 監修
河田孝文 著　　A5判　216ページ　定価:2100円（税別）

日本一感動的な道徳授業はこれだ!

かつて、これほどまでに教師・保護者・子どもが涙した授業はなかった。また、道徳の教科化が現実化してくる中、本書には道徳授業づくりのノウハウ、カリキュラム作成の視点、従来型道徳授業の検討と批判、そして授業実践等々を掲載、急展開する道徳授業のありかた、創り方についてのたたき台ともなる!

あなたが道徳授業を変える
～ベテラン小学校教師からの8つの提言～

心の教育研究会 監修　A5判　144ページ　定価:1575円（税込）

子どもたちは知っている。本当に面白い授業があることを!!

面白い道徳授業をつくるためにはどうするか？　心の教育研究会はこの10年間、現場教師がその実践をもちより、お互いを磨き合ってきた。そして今回、「教師が授業作りために理解すべきこと」「実践すべきこと」をまとめた指南書を書いた。真剣に悩める、多くの教師にとって役に立つ書。執筆は櫻井宏尚　服部敬一　広中忠昭　坂本哲彦　齋藤眞弓　早川裕隆　田村博久　税田雄二等

先生と子どもたちの学校俳句歳時記

星野高士、仁平勝、石田郷子 著
上廣倫理財団 企画　　四六判　304ページ
　　　　　　　　　　　　定価: 2500円（税別）

人間の本能に直結した画期的な学習法!!

元文部大臣・現国際俳句交流協会会長　有馬朗人推薦「学校で俳句を教える教員と創作する児童生徒にぴったりの歳時記だ」「日本初!学校で生まれた秀句による子どもたちの学校俳句歳時記」小・中・高・教師の俳句を年齢順に並べてあり、指導の目安にできます。分かりやすい季語解説・俳句の作りかた・鑑賞の方法・句会の開き方など収録、今日から授業で使えます。